CHINESE
VOCABULARY

ENGLISH-
CHINESE

The most useful words
To expand your lexicon and sharpen
your language skills

9000 words

Chinese vocabulary for English speakers - 9000 words

By Andrey Taranov

T&P Books vocabularies are intended for helping you learn, memorize and review foreign words. The dictionary is divided into themes, covering all major spheres of everyday activities, business, science, culture, etc.

The process of learning words using T&P Books' theme-based dictionaries gives you the following advantages:

- Correctly grouped source information predetermines success at subsequent stages of word memorization
- Availability of words derived from the same root allowing memorization of word units (rather than separate words)
- Small units of words facilitate the process of establishing associative links needed for consolidation of vocabulary
- Level of language knowledge can be estimated by the number of learned words

T&P Books Publishing
www.tpbooks.com

ISBN: 978-1-78071-860-6

This book is also available in E-book formats.
Please visit www.tpbooks.com or the major online bookstores.

CHINESE VOCABULARY
for English speakers

T&P Books vocabularies are intended to help you learn, memorize, and review foreign words. The vocabulary contains over 9000 commonly used words arranged thematically.

- Vocabulary contains the most commonly used words
- Recommended as an addition to any language course
- Meets the needs of beginners and advanced learners of foreign languages
- Convenient for daily use, revision sessions, and self-testing activities
- Allows you to assess your vocabulary

Special features of the vocabulary

- Words are organized according to their meaning, not alphabetically
- Words are presented in three columns to facilitate the reviewing and self-testing processes
- Words in groups are divided into small blocks to facilitate the learning process
- The vocabulary offers a convenient and simple transcription of each foreign word

The vocabulary has 256 topics including:

Basic Concepts, Numbers, Colors, Months, Seasons, Units of Measurement, Clothing & Accessories, Food & Nutrition, Restaurant, Family Members, Relatives, Character, Feelings, Emotions, Diseases, City, Town, Sightseeing, Shopping, Money, House, Home, Office, Working in the Office, Import & Export, Marketing, Job Search, Sports, Education, Computer, Internet, Tools, Nature, Countries, Nationalities and more ...

T&P BOOKS' THEME-BASED DICTIONARIES

The Correct System for Memorizing Foreign Words

Acquiring vocabulary is one of the most important elements of learning a foreign language, because words allow us to express our thoughts, ask questions, and provide answers. An inadequate vocabulary can impede communication with a foreigner and make it difficult to understand a book or movie well.

The pace of activity in all spheres of modern life, including the learning of modern languages, has increased. Today, we need to memorize large amounts of information (grammar rules, foreign words, etc.) within a short period. However, this does not need to be difficult. All you need to do is to choose the right training materials, learn a few special techniques, and develop your individual training system.

Having a system is critical to the process of language learning. Many people fail to succeed in this regard; they cannot master a foreign language because they fail to follow a system comprised of selecting materials, organizing lessons, arranging new words to be learned, and so on. The lack of a system causes confusion and eventually, lowers self-confidence.

T&P Books' theme-based dictionaries can be included in the list of elements needed for creating an effective system for learning foreign words. These dictionaries were specially developed for learning purposes and are meant to help students effectively memorize words and expand their vocabulary.

Generally speaking, the process of learning words consists of three main elements:

- Reception (creation or acquisition) of a training material, such as a word list
- Work aimed at memorizing new words
- Work aimed at reviewing the learned words, such as self-testing

All three elements are equally important since they determine the quality of work and the final result. All three processes require certain skills and a well-thought-out approach.

New words are often encountered quite randomly when learning a foreign language and it may be difficult to include them all in a unified list. As a result, these words remain written on scraps of paper, in book margins, textbooks, and so on. In order to systematize such words, we have to create and continually update a "book of new words." A paper notebook, a netbook, or a tablet PC can be used for these purposes.

This "book of new words" will be your personal, unique list of words. However, it will only contain the words that you came across during the learning process. For example, you might have written down the words "Sunday," "Tuesday," and "Friday." However, there are additional words for days of the week, for example, "Saturday," that are missing, and your list of words would be incomplete. Using a theme dictionary, in addition to the "book of new words," is a reasonable solution to this problem.

The theme-based dictionary may serve as the basis for expanding your vocabulary.

It will be your big "book of new words" containing the most frequently used words of a foreign language already included. There are quite a few theme-based dictionaries available, and you should ensure that you make the right choice in order to get the maximum benefit from your purchase.

Therefore, we suggest using theme-based dictionaries from T&P Books Publishing as an aid to learning foreign words. Our books are specially developed for effective use in the sphere of vocabulary systematization, expansion and review.

Theme-based dictionaries are not a magical solution to learning new words. However, they can serve as your main database to aid foreign-language acquisition. Apart from theme dictionaries, you can have copybooks for writing down new words, flash cards, glossaries for various texts, as well as other resources; however, a good theme dictionary will always remain your primary collection of words.

T&P Books' theme-based dictionaries are specialty books that contain the most frequently used words in a language.

The main characteristic of such dictionaries is the division of words into themes. For example, the *City* theme contains the words "street," "crossroads," "square," "fountain," and so on. The *Talking* theme might contain words like "to talk," "to ask," "question," and "answer".

All the words in a theme are divided into smaller units, each comprising 3–5 words. Such an arrangement improves the perception of words and makes the learning process less tiresome. Each unit contains a selection of words with similar meanings or identical roots. This allows you to learn words in small groups and establish other associative links that have a positive effect on memorization.

The words on each page are placed in three columns: a word in your native language, its translation, and its transcription. Such positioning allows for the use of techniques for effective memorization. After closing the translation column, you can flip through and review foreign words, and vice versa. "This is an easy and convenient method of review – one that we recommend you do often."

Our theme-based dictionaries contain transcriptions for all the foreign words. Unfortunately, none of the existing transcriptions are able to convey the exact nuances of foreign pronunciation. That is why we recommend using the transcriptions only as a supplementary learning aid. Correct pronunciation can only be acquired with the help of sound. Therefore our collection includes audio theme-based dictionaries.

The process of learning words using T&P Books' theme-based dictionaries gives you the following advantages:

- You have correctly grouped source information, which predetermines your success at subsequent stages of word memorization
- Availability of words derived from the same root (lazy, lazily, lazybones), allowing you to memorize word units instead of separate words
- Small units of words facilitate the process of establishing associative links needed for consolidation of vocabulary
- You can estimate the number of learned words and hence your level of language knowledge
- The dictionary allows for the creation of an effective and high-quality revision process
- You can revise certain themes several times, modifying the revision methods and techniques
- Audio versions of the dictionaries help you to work out the pronunciation of words and develop your skills of auditory word perception

The T&P Books' theme-based dictionaries are offered in several variants differing in the number of words: 1.500, 3.000, 5.000, 7.000, and 9.000 words. There are also dictionaries containing 15,000 words for some language combinations. Your choice of dictionary will depend on your knowledge level and goals.

We sincerely believe that our dictionaries will become your trusty assistant in learning foreign languages and will allow you to easily acquire the necessary vocabulary.

TABLE OF CONTENTS

MISCELLANEOUS

MAIN 500 VERBS

PRONUNCIATION GUIDE

Letter	Chinese example	T&P phonetic alphabet	English example
a	tóufa	[a]	shorter than in ask
ai	hǎi	[aɪ]	tie, driver
an	bèipàn	[an]	transport, stand
ang	pīncháng	[ɑ̃]	nasal [a]
ao	gǎnmào	[aʊ]	now, down
b	Bànfǎ	[p]	pencil, private
c	cǎo	[tsh]	let's handle it
ch	chē	[tʃh]	hitchhiker
d	dīdá	[t]	tourist, trip
e	dēngjì	[ɛ]	man, bad
ei	běihǎi	[eɪ]	age, today
en	xúnwèn	[ə]	driver, teacher
eng	bēngkuì	[ə̃]	nasal [e]
er	érzi	[ɛr]	arrive, corporation
f	fǎyuàn	[f]	face, food
g	gōnglǚ	[k]	clock, kiss
h	hǎitún	[h]	home, have
i	fēijī	[iː]	feet, meter
ia	jiā	[jɑ]	young, yard
ian	kànjiàn	[jʌn]	young
ie	jiéyuē	[je]	yesterday, yen
in	cónglín	[iːn]	teen, to keep
j	jīqì	[tɕ]	cheer
k	kuàilè	[kh]	work hard
l	lúnzi	[l]	lace, people
m	hémǎ	[m]	magic, milk
n	nǐ hǎo	[n]	name, normal
o	yībō	[ɔ]	bottle, doctor
ong	chénggōng	[ü]	nasal [u]
ou	běiměizhōu	[ɔʊ]	rose, window
p	pào	[ph]	top hat
q	qiáo	[tɕh]	cheer
r	rè	[ʒ]	forge, pleasure
s	sàipǎo	[s]	city, boss
sh	shāsī	[ʃ]	near [ch]
t	tūrán	[th]	don't have
u	dáfù	[u], [ʊ]	noodles, mango

Letter	Chinese example	T&P phonetic alphabet	English example
ua	chuán	[ua]	quantum
un	yúchún	[u:n], [ʊn]	moon, one
ü	lǚxíng	[y]	fuel, tuna
ün	shēnyùn	[jun]	uniform
uo	zuòwèi	[uɔ]	to order, to open
w	wùzhì	[w]	vase, winter
x	xiǎo	[ɕ]	sheep, shop
z	zérèn	[ts]	cats, tsetse fly
zh	zhǎo	[dʒ]	joke, general

Comments

˙ First tone (high-level tone)
In the first tone, the pitch of your voice remains constant and slightly high through the syllable. Example - mā

Second tone (rising tone)
In the second tone, the pitch of your voice raises slightly while pronouncing the syllable. Example - má

Third tone (low-falling-raising tone)
In the third tone, the pitch of your voice goes down, and then goes back up in the same syllable. Example - mǎ

Fourth tone (falling tone)
In the forth tone, the pitch of your voice goes down sharply during the syllable. Example - mà

Fifth tone (neutral tone)
In the neutral tone, the pitch of your voice depends upon the word you are saying, but is normally said more briefly and softly than the other syllables. Example - ma

ABBREVIATIONS
used in the vocabulary

ab.	-	about
adj	-	adjective
adv	-	adverb
anim.	-	animate
as adj	-	attributive noun used as adjective
e.g.	-	for example
etc.	-	et cetera
fam.	-	familiar
fem.	-	feminine
form.	-	formal
inanim.	-	inanimate
masc.	-	masculine
math	-	mathematics
mil.	-	military
n	-	noun
pl	-	plural
pron.	-	pronoun
sb	-	somebody
sing.	-	singular
sth	-	something
v aux	-	auxiliary verb
vi	-	intransitive verb
vi, vt	-	intransitive, transitive verb
vt	-	transitive verb

BASIC CONCEPTS

Basic concepts. Part 1

1. Pronouns

I, me	我	wǒ
you	你	nǐ
he	他	tā
she	她	tā
it	它	tā
we	我们	wǒ men
you (to a group)	你们	nǐ men
they (masc.)	他们	tā men
they (fem.)	她们	tā men

2. Greetings. Salutations. Farewells

Hello! (fam.)	你好!	nǐ hǎo!
Hello! (form.)	你们好!	nǐmen hǎo!
Good morning!	早上好!	zǎo shàng hǎo!
Good afternoon!	午安!	wǔ ān!
Good evening!	晚上好!	wǎn shàng hǎo!
to say hello	问好	wèn hǎo
Hi! (hello)	你好!	nǐ hǎo!
greeting (n)	问候	wèn hòu
to greet (vt)	欢迎	huān yíng
How are you?	你好吗?	nǐ hǎo ma?
What's new?	有 什么 新 消息?	yǒu shénme xīn xiāoxi?
Bye-Bye! Goodbye!	再见!	zài jiàn!
See you soon!	回头见!	huí tóu jiàn!
Farewell!	再见!	zài jiàn!
to say goodbye	说再见	shuō zài jiàn
So long!	回头见!	huí tóu jiàn!
Thank you!	谢谢!	xièxie!
Thank you very much!	多谢!	duō xiè!
You're welcome	不客气	bù kè qi
Don't mention it!	不用谢谢!	bùyòng xièxie!

It was nothing	没什么	méi shén me
Excuse me!	请原谅	qǐng yuán liàng
to apologize (vi)	道歉	dào qiàn
My apologies	我道歉	wǒ dào qiàn
I'm sorry!	对不起!	duì bu qǐ!
to forgive (vt)	原谅	yuán liàng
please (adv)	请	qǐng

Don't forget!	别忘了!	bié wàng le!
Certainly!	当然!	dāng rán!
Of course not!	当然不是!	dāng rán bù shi!
Okay! (I agree)	同意!	tóng yì!
That's enough!	够了!	gòu le!

3. How to address

mister, sir	先生	xiān sheng
ma'am	夫人	fū ren
miss	姑娘	gū niang
young man	年轻人	nián qīng rén
young man (little boy)	小男孩	xiǎo nán hái
miss (little girl)	小女孩	xiǎo nǚ hái

4. Cardinal numbers. Part 1

0 zero	零	líng
1 one	一	yī
2 two	二	èr
3 three	三	sān
4 four	四	sì

5 five	五	wǔ
6 six	六	liù
7 seven	七	qī
8 eight	八	bā
9 nine	九	jiǔ

10 ten	十	shí
11 eleven	十一	shí yī
12 twelve	十二	shí èr
13 thirteen	十三	shí sān
14 fourteen	十四	shí sì

15 fifteen	十五	shí wǔ
16 sixteen	十六	shí liù
17 seventeen	十七	shí qī
18 eighteen	十八	shí bā
19 nineteen	十九	shí jiǔ

20 twenty	二十	èrshí
21 twenty-one	二十一	èrshí yī
22 twenty-two	二十二	èrshí èr
23 twenty-three	二十三	èrshí sān

30 thirty	三十	sānshí
31 thirty-one	三十一	sānshí yī
32 thirty-two	三十二	sānshí èr
33 thirty-three	三十三	sānshí sān

40 forty	四十	sìshí
41 forty-one	四十一	sìshí yī
42 forty-two	四十二	sìshí èr
43 forty-three	四十三	sìshí sān

50 fifty	五十	wǔshí
51 fifty-one	五十一	wǔshí yī
52 fifty-two	五十二	wǔshí èr
53 fifty-three	五十三	wǔshí sān

60 sixty	六十	liùshí
61 sixty-one	六十一	liùshí yī
62 sixty-two	六十二	liùshí èr
63 sixty-three	六十三	liùshí sān

70 seventy	七十	qīshí
71 seventy-one	七十一	qīshí yī
72 seventy-two	七十二	qīshí èr
73 seventy-three	七十三	qīshí sān

80 eighty	八十	bāshí
81 eighty-one	八十一	bāshí yī
82 eighty-two	八十二	bāshí èr
83 eighty-three	八十三	bāshí sān

90 ninety	九十	jiǔshí
91 ninety-one	九十一	jiǔshí yī
92 ninety-two	九十二	jiǔshí èr
93 ninety-three	九十三	jiǔshí sān

5. Cardinal numbers. Part 2

100 one hundred	一百	yī bǎi
200 two hundred	两百	liǎng bǎi
300 three hundred	三百	sān bǎi
400 four hundred	四百	sì bǎi
500 five hundred	五百	wǔ bǎi

| 600 six hundred | 六百 | liù bǎi |
| 700 seven hundred | 七百 | qī bǎi |

800 eight hundred	八百	bā bǎi
900 nine hundred	九百	jiǔ bǎi
1000 one thousand	一千	yī qiān
2000 two thousand	两千	liǎng qiān
3000 three thousand	三千	sān qiān
10000 ten thousand	一万	yī wàn
one hundred thousand	十万	shí wàn
million	百万	bǎi wàn
billion	十亿	shíyì

6. Ordinal numbers

first (adj)	第一	dì yī
second (adj)	第二	dì èr
third (adj)	第三	dì sān
fourth (adj)	第四	dì sì
fifth (adj)	第五	dì wǔ
sixth (adj)	第六	dì liù
seventh (adj)	第七	dì qī
eighth (adj)	第八	dì bā
ninth (adj)	第九	dì jiǔ
tenth (adj)	第十	dì shí

7. Numbers. Fractions

fraction	分数	fēnshù
one half	二分之一	èrfēn zhīyī
one third	三分之一	sānfēn zhīyī
one quarter	四分之一	sìfēn zhīyī
one eighth	八分之一	bāfēn zhīyī
one tenth	十分之一	shífēn zhīyī
two thirds	三分之二	sānfēn zhīèr
three quarters	四分之三	sìfēn zhīsān

8. Numbers. Basic operations

subtraction	减法	jiǎn fǎ
to subtract (vi, vt)	减，减去	jiǎn, jiǎn qù
division	除法	chú fǎ
to divide (vt)	除	chú
addition	加法	jiā fǎ
to add up (vt)	加	jiā

to add (vi, vt)	加	jiā
multiplication	乘法	chéng fǎ
to multiply (vt)	乘	chéng

9. Numbers. Miscellaneous

digit, figure	数字	shù zì
number	数	shù
numeral	数词	shù cí
minus sign	负号	fù hào
plus sign	正号	zhèng hào
formula	公式	gōng shì

calculation	计算	jì suàn
to count (vt)	计算	jì suàn
to count up	结算	jié suàn
to compare (vt)	比较	bǐ jiào

How much?	多少?	duōshao?
sum, total	和	hé
result	结果	jié guǒ
remainder	余数	yú shù

a few ...	几个	jǐ gè
few, little (adv)	不多	bù duō
the rest	剩下的	shèng xià de
one and a half	一个半	yī gè bàn
dozen	一打	yī dá

in half (adv)	成两半	chéng liǎng bàn
equally (evenly)	平均地	píng jūn de
half	一半	yī bàn
time (three ~s)	次	cì

10. The most important verbs. Part 1

to advise (vt)	建议	jià nyì
to agree (say yes)	同意	tóng yì
to answer (vi, vt)	回答	huí dá
to apologize (vi)	道歉	dào qiàn
to arrive (vi)	来到	lái dào
to ask (~ oneself)	问	wèn
to ask (~ sb to do sth)	请求	qǐng qiú

to be (vi)	当	dāng
to be afraid	害怕	hài pà
to be hungry	饿	è
to be interested in ...	对 ··· 感兴趣	duì ... gǎn xìng qù

to be needed	需要	xū yào
to be surprised	吃惊	chī jīng
to be thirsty	渴	kě

to begin (vt)	开始	kāi shǐ
to belong to ...	属于	shǔ yú
to boast (vi)	自夸	zì kuā
to break (split into pieces)	打破	dǎ pò

to call (for help)	呼	hū
can (v aux)	能	néng
to catch (vt)	抓住	zhuā zhù
to change (vt)	改变	gǎi biàn
to choose (select)	选	xuǎn

to come down	下来	xià lai
to come in (enter)	进来	jìn lái
to compare (vt)	比较	bǐ jiào
to complain (vi, vt)	抱怨	bào yuàn

to confuse (mix up)	混淆	hùn xiáo
to continue (vt)	继续	jì xù
to control (vt)	控制	kòng zhì
to cook (dinner)	做饭	zuò fàn

to cost (vt)	价钱为	jià qian wèi
to count (add up)	计算	jì suàn
to count on ...	指望	zhǐ wàng
to create (vt)	创造	chuàng zào
to cry (weep)	哭	kū

11. The most important verbs. Part 2

to deceive (vi, vt)	骗	piàn
to decorate (tree, street)	装饰	zhuāng shì
to defend (a country, etc.)	保卫	bǎo wèi
to demand (request firmly)	要求	yāo qiú

to dig (vt)	挖	wā
to discuss (vt)	讨论	tǎo lùn
to do (vt)	做	zuò
to doubt (have doubts)	怀疑	huái yí
to drop (let fall)	掉	diào

to exist (vi)	存在	cún zài
to expect (foresee)	预见	yù jiàn
to explain (vt)	说明	shuō míng

| to fall (vi) | 跌倒 | diē dǎo |
| to find (vt) | 找到 | zhǎo dào |

to finish (vt)	结束	jié shù
to fly (vi)	飞	fēi
to follow ... (come after)	跟随	gēn suí
to forget (vi, vt)	忘	wàng
to forgive (vt)	原谅	yuán liàng
to give (vt)	给	gěi
to give a hint	暗示	àn shì
to go (on foot)	走	zǒu
to go for a swim	去游泳	qù yóu yǒng
to go out (from ...)	走出去	zǒu chū qù
to guess right	猜中	cāi zhòng
to have (vt)	有	yǒu
to have breakfast	吃早饭	chī zǎo fàn
to have dinner	吃晚饭	chī wǎn fàn
to have lunch	吃午饭	chī wǔ fàn
to hear (vt)	听见	tīng jiàn
to help (vt)	帮助	bāng zhù
to hide (vt)	藏	cáng
to hope (vi, vt)	希望	xī wàng
to hunt (vi, vt)	打猎	dǎ liè
to hurry (vi)	赶紧	gǎn jǐn

12. The most important verbs. Part 3

to inform (vt)	通知	tōng zhī
to insist (vi, vt)	坚持	jiān chí
to insult (vt)	侮辱	wǔ rǔ
to invite (vt)	邀请	yāo qǐng
to joke (vi)	开玩笑	kāi wán xiào
to keep (vt)	保存	bǎo cún
to keep silent	沉默	chén mò
to kill (vt)	杀死	shā sǐ
to know (sb)	认识	rèn shi
to know (sth)	知道	zhī dào
to laugh (vi)	笑	xiào
to liberate (city, etc.)	解放	jiě fàng
to like (I like ...)	喜欢	xǐ huan
to look for ... (search)	寻找	xún zhǎo
to love (sb)	爱	ài
to make a mistake	犯错	fàn cuò
to manage, to run	管理	guǎn lǐ
to mean (signify)	表示	biǎo shì
to mention (talk about)	提到	tí dào

| to miss (school, etc.) | 错过 | cuò guò |
| to notice (see) | 注意到 | zhù yì dào |

to object (vi, vt)	反对	fǎn duì
to observe (see)	观察	guān chá
to open (vt)	开	kāi
to order (meal, etc.)	订	dìng
to order (mil.)	命令	mìng lìng
to own (possess)	拥有	yōng yǒu

to participate (vi)	参与	cān yù
to pay (vi, vt)	付，支付	fù, zhī fù
to permit (vt)	允许	yǔn xǔ
to plan (vt)	计划	jì huà
to play (children)	玩	wán

to pray (vi, vt)	祈祷	qí dǎo
to prefer (vt)	宁愿	nìng yuàn
to promise (vt)	承诺	chéng nuò
to pronounce (vt)	发音	fā yīn
to propose (vt)	提议	tí yì
to punish (vt)	惩罚	chéng fá

to read (vi, vt)	读	dú
to recommend (vt)	推荐	tuī jiàn
to refuse (vi, vt)	拒绝	jù jué
to regret (be sorry)	后悔	hòu huǐ

to rent (sth from sb)	租房	zū fáng
to repeat (say again)	重复	chóng fù
to reserve, to book	预订	yù dìng
to run (vi)	跑	pǎo

13. The most important verbs. Part 4

to save (rescue)	救出	jiù chū
to say (~ thank you)	说	shuō
to scold (vt)	责骂	zé mà
to see (vt)	见，看见	jiàn, kàn jiàn
to sell (vt)	卖	mài
to send (vt)	寄	jì

to shoot (vi)	射击	shè jī
to shout (vi)	叫喊	jiào hǎn
to show (vt)	展示	zhǎn shì
to sign (document)	签名	qiān míng
to sit down (vi)	坐下	zuò xia
to smile (vi)	微笑	wēi xiào
to speak (vi, vt)	说	shuō
to steal (money, etc.)	偷窃	tōu qiè

to stop (please ~ calling me)	停止	tíng zhǐ
to stop (for pause, etc.)	停	tíng
to study (vt)	学习	xué xí
to swim (vi)	游泳	yóuyǒng

to take (vt)	拿	ná
to think (vi, vt)	想	xiǎng
to threaten (vt)	威胁	wēi xié
to touch (with hands)	摸	mō
to translate (vt)	翻译	fān yì
to trust (vt)	信任	xìn rèn
to try (attempt)	试图	shì tú
to turn (~ to the left)	转弯	zhuǎn wān

to underestimate (vt)	轻视	qīng shì
to understand (vt)	明白	míng bai
to unite (vt)	联合	lián hé

to wait (vt)	等	děng
to want (wish, desire)	想，想要	xiǎng, xiǎng yào
to warn (vt)	警告	jǐng gào
to work (vi)	工作	gōng zuò
to write (vt)	写	xiě
to write down	记录	jì lù

14. Colors

color	颜色	yán sè
shade (tint)	色调	sè diào
hue	色调	sè diào
rainbow	彩虹	cǎi hóng

white (adj)	白的	bái de
black (adj)	黑色的	hēi sè de
gray (adj)	灰色的	huī sè de

green (adj)	绿色的	lǜ sè de
yellow (adj)	黄色的	huáng sè de
red (adj)	红色的	hóng sè de

blue (adj)	蓝色的	lán sè
light blue (adj)	天蓝色的	tiānlán sè
pink (adj)	粉红色的	fěnhóng sè
orange (adj)	橙色的	chéng sè de
violet (adj)	紫色的	zǐ sè de
brown (adj)	棕色的	zōng sè de

| golden (adj) | 金色的 | jīn sè de |
| silvery (adj) | 银白色的 | yín bái sè de |

beige (adj)	浅棕色的	qiǎn zōng sè de
cream (adj)	奶油色的	nǎi yóu sè de
turquoise (adj)	青绿色的	qīng lǜ sè de
cherry red (adj)	樱桃色的	yīng táo sè de
lilac (adj)	淡紫色的	dànzǐ sè de
crimson (adj)	深红色的	shēn hóng sè de
light (adj)	淡色的	dàn sè de
dark (adj)	深色的	shēn sè de
bright, vivid (adj)	鲜艳的	xiān yàn de
colored (pencils)	有色的	yǒu sè de
color (e.g., ~ film)	彩色的	cǎi sè de
black-and-white (adj)	黑白色的	hēi bái sè de
plain (one-colored)	单色的	dān sè de
multicolored (adj)	杂色的	zá sè de

15. Questions

Who?	谁?	shéi?
What?	什么?	shén me?
Where? (at, in)	在哪儿?	zài nǎr?
Where (to)?	到哪儿?	dào nǎr?
From where?	从哪儿来?	cóng nǎr lái?
When?	什么时候?	shénme shíhou?
Why? (What for?)	为了什么目的?	wèile shénme mùdì?
Why? (reason)	为什么?	wèi shénme?
What for?	为了什么目的?	wèile shénme mùdì?
How? (in what way)	如何?	rú hé?
Which?	哪个?	nǎ ge?
To whom?	给谁?	gěi shéi?
About whom?	关于谁?	guān yú shéi?
About what?	关于什么?	guān yú shénme?
With whom?	跟谁?	gēns héi?
How many? How much?	多少?	duōshao?
Whose?	谁的?	shéi de?

16. Prepositions

with (accompanied by)	和，跟	hé, gēn
without	没有	méi yǒu
to (indicating direction)	往	wǎng
about (talking ~ ...)	关于	guān yú
before (in time)	在 … 之前	zài … zhī qián
in front of ...	在 … 前面	zài … qián mian

under (beneath, below)	在 … 下面	zài … xià mian
above (over)	在 … 上方	zài … shàng fāng
on (atop)	在 … 上	zài … shàng
from (off, out of)	从	cóng
of (made from)	… 做的	… zuò de
in (e.g., ~ ten minutes)	在 … 之后	zài … zhī hòu
over (across the top of)	跨过	kuà guò

17. Function words. Adverbs. Part 1

Where? (at, in)	在哪儿?	zài nǎr?
here (adv)	在这儿	zài zhèr
there (adv)	那儿	nàr
somewhere (to be)	某处	mǒu chù
nowhere (not anywhere)	无处	wú chù
by (near, beside)	在 … 旁边	zài … páng biān
by the window	在窗户旁边	zài chuānghu páng biān
Where (to)?	到哪儿?	dào nǎr?
here (e.g., come ~!)	到这儿	dào zhèr
there (e.g., to go ~)	往那边	wǎng nà bian
from here (adv)	从这里	cóng zhè lǐ
from there (adv)	从那里	cóng nà lǐ
close (adv)	附近	fù jìn
far (adv)	远	yuǎn
near (e.g., ~ Paris)	在 … 附近	zài … fù jìn
nearby (adv)	在附近, 在近处	zài fù jìn, zài jìn chǔ
not far (adv)	不远	bù yuǎn
left (adj)	左边的	zuǒ bian de
on the left	在左边	zài zuǒ bian
to the left	往左	wàng zuǒ
right (adj)	右边的	yòu bian de
on the right	在右边	zài yòu bian
to the right	往右	wàng yòu
in front (adv)	在前面	zài qián miàn
front (as adj)	前 … , 前面的	qián …, qián miàn de
ahead (look ~)	先走	xiān zǒu
behind (adv)	在后面	zài hòu miàn
from behind	从后面	cóng hòu miàn
back (towards the rear)	往后	wàng hòu
middle	中间	zhōng jiān

in the middle	在中间	zài zhōng jiān
at the side	在一边	zài yī biān
everywhere (adv)	到处	dào chù
around (in all directions)	周围	zhōu wéi
from inside	从里面	cóng lǐ miàn
somewhere (to go)	往某处	wàng mǒu chù
straight (directly)	径直地	jìng zhí de
back (e.g., come ~)	往后	wàng hòu
from anywhere	从任何地方	cóng rèn hé de fāng
from somewhere	从某处	cóng mǒu chù
firstly (adv)	第一	dì yī
secondly (adv)	第二	dì èr
thirdly (adv)	第三	dì sān
suddenly (adv)	忽然	hū rán
at first (adv)	最初	zuì chū
for the first time	初次	chū cì
long before ...	… 之前很久	… zhī qián hěn jiǔ
anew (over again)	重新	chóng xīn
for good (adv)	永远	yǒng yuǎn
never (adv)	从未	cóng wèi
again (adv)	再	zài
now (adv)	目前	mù qián
often (adv)	经常	jīng cháng
then (adv)	当时	dāng shí
urgently (quickly)	紧急地	jǐn jí de
usually (adv)	通常	tōng cháng
by the way, ...	顺便	shùn biàn
possible (that is ~)	可能	kě néng
probably (adv)	大概	dà gài
maybe (adv)	可能	kě néng
besides ...	再说 …	zài shuō …
that's why ...	所以 …	suǒ yǐ …
in spite of ...	尽管 …	jǐn guǎn …
thanks to ...	由于 …	yóu yú …
what (pron.)	什么	shén me
something	某物	mǒu wù
anything (something)	任何事	rèn hé shì
nothing	毫不, 决不	háo bù, jué bù
who (pron.)	谁	shéi
someone	有人	yǒu rén
somebody	某人	mǒu rén
nobody	无人	wú rén
nowhere (a voyage to ~)	哪里都不	nǎ lǐ dōu bù

nobody's	无人的	wú rén de
somebody's	某人的	mǒu rén de
so (I'm ~ glad)	这么	zhè me
also (as well)	也	yě
too (as well)	也	yě

18. Function words. Adverbs. Part 2

Why?	为什么?	wèi shénme?
for some reason	由于某种原因	yóu yú mǒu zhǒng yuán yīn
because ...	因为 ⋯	yīn wèi ...
for some purpose	不知为什么	bùzhī wèi shénme

and	和	hé
or	或者，还是	huò zhě, hái shì
but	但	dàn
for (e.g., ~ me)	为	wèi
too (~ many people)	太	tài
only (exclusively)	只	zhǐ
exactly (adv)	精确地	jīng què de
about (more or less)	大约	dà yuē

approximately (adv)	大概	dà gài
approximate (adj)	大概的	dà gài de
almost (adv)	差不多	chà bu duō
the rest	剩下的	shèng xià de

each (adj)	每个的	měi gè de
any (no matter which)	任何	rèn hé
many, much (a lot of)	许多	xǔ duō
many people	很多人	hěn duō rén
all (everyone)	都	dōu

in return for ...	作为交换	zuò wéi jiāo huàn
in exchange (adv)	作为交换	zuò wéi jiāo huàn
by hand (made)	手工	shǒu gōng
hardly (negative opinion)	几乎不	jī hū bù

probably (adv)	可能	kě néng
on purpose (adv)	故意	gù yì
by accident (adv)	偶然的	ǒu rán de

very (adv)	很	hěn
for example (adv)	例如	lì rú
between	之间	zhī jiān
among	在 ⋯ 中	zài ... zhōng
so much (such a lot)	这么多	zhè me duō
especially (adv)	特别	tè bié

Basic concepts. Part 2

19. Weekdays

Monday	星期一	xīng qī yī
Tuesday	星期二	xīng qī èr
Wednesday	星期三	xīng qī sān
Thursday	星期四	xīng qī sì
Friday	星期五	xīng qī wǔ
Saturday	星期六	xīng qī liù
Sunday	星期天	xīng qī tiān
today (adv)	今天	jīn tiān
tomorrow (adv)	明天	míng tiān
the day after tomorrow	后天	hòu tiān
yesterday (adv)	昨天	zuó tiān
the day before yesterday	前天	qián tiān
day	白天	bái tiān
working day	工作日	gōng zuò rì
public holiday	节日	jié rì
day off	休假日	xiū jià rì
weekend	周末	zhōu mò
all day long	一整天	yī zhěng tiān
next day (adv)	次日	cì rì
two days ago	两天前	liǎng tiān qián
the day before	前一天	qián yī tiān
daily (adj)	每天的	měi tiān de
every day (adv)	每天地	měi tiān de
week	星期	xīng qī
last week (adv)	上星期	shàng xīng qī
next week (adv)	次周	cì zhōu
weekly (adj)	每周的	měi zhōu de
every week (adv)	每周	měi zhōu
twice a week	一周两次	yīzhōu liǎngcì
every Tuesday	每个星期二	měi gè xīng qī èr

20. Hours. Day and night

morning	早晨	zǎo chén
in the morning	在上午	zài shàng wǔ
noon, midday	中午	zhōng wǔ

in the afternoon	在下午	zài xià wǔ
evening	晚间	wǎn jiān
in the evening	在晚上	zài wǎn shang
night	夜晚	yè wǎn
at night	夜间	yè jiān
midnight	午夜	wǔ yè

second	秒	miǎo
minute	分钟	fēn zhōng
hour	小时	xiǎo shí
half an hour	半小时	bàn xiǎo shí
quarter of an hour	一刻钟	yī kè zhōng
fifteen minutes	十五分钟	shíwǔ fēn zhōng
24 hours	昼夜	zhòuyè

sunrise	日出	rì chū
dawn	黎明	lí míng
early morning	清晨	qīng chén
sunset	日落	rì luò

early in the morning	一大早地	yī dà zǎo de
this morning	今天早上	jīntiān zǎo shang
tomorrow morning	明天早上	míngtiān zǎo shang

this afternoon	今天下午	jīntiān xià wǔ
in the afternoon	在下午	zài xià wǔ
tomorrow afternoon	明天下午	míngtiān xià wǔ

| tonight (this evening) | 今晚 | jīn wǎn |
| tomorrow night | 明天晚上 | míngtiān wǎn shang |

| about 4 o'clock | 快到四点钟了 | kuài dào sì diǎnzhōng le |
| by 12 o'clock | 十二点钟 | shí èr diǎnzhōng |

in 20 minutes	二十分钟 以后	èrshí fēnzhōng yǐhòu
in an hour	在一个小时	zài yī gè xiǎo shí
on time (adv)	按时	àn shí

a quarter of ...	差一刻	chà yī kè
within an hour	一小时内	yī xiǎo shí nèi
every 15 minutes	每个十五分钟	měi gè shíwǔ fēnzhōng
round the clock	日夜	rì yè

21. Months. Seasons

January	一月	yī yuè
February	二月	èr yuè
March	三月	sān yuè
April	四月	sì yuè
May	五月	wǔ yuè

June	六月	liù yuè
July	七月	qī yuè
August	八月	bā yuè
September	九月	jiǔ yuè
October	十月	shí yuè
November	十一月	shí yī yuè
December	十二月	shí èr yuè

spring	春季，春天	chūn jì
in spring	在春季	zài chūn jì
spring (as adj)	春天的	chūn tiān de

summer	夏天	xià tiān
in summer	在夏天	zài xià tiān
summer (as adj)	夏天的	xià tiān de

fall	秋天	qiū tiān
in fall	在秋季	zài qiū jì
fall (as adj)	秋天的	qiū tiān de

winter	冬天	dōng tiān
in winter	在冬季	zài dōng jì
winter (as adj)	冬天的	dōng tiān de

month	月，月份	yuè, yuèfèn
this month	本月	běn yuè
next month	次月	cì yuè
last month	上个月	shàng gè yuè

a month ago	一个月前	yī gè yuè qián
in a month	在一个月	zài yī gè yuè
in two months	过两个月	guò liǎng gè yuè
the whole month	整个月	zhěnggè yuè
all month long	整个月	zhěnggè yuè

monthly (~ magazine)	每月的	měi yuè de
monthly (adv)	每月	měi yuè
every month	每月	měi yuè
twice a month	一个月两次	yī gè yuè liǎngcì

year	年	nián
this year	今年，本年度	jīn nián, běn nián dù
next year	次年	cì nián
last year	去年	qù nián

a year ago	一年前	yī nián qián
in a year	在一年	zài yī nián
in two years	过两年	guò liǎng nián
the whole year	一整年	yī zhěng nián
all year long	表示一整年	biǎo shì yī zhěng nián
every year	每年	měi nián
annual (adj)	每年的	měi nián de

annually (adv)	每年	měi nián
4 times a year	一年四次	yī nián sì cì
date (e.g., today's ~)	日期	rìqī
date (e.g., ~ of birth)	日期	rìqī
calendar	日历	rìlì
half a year	半年	bàn nián
six months	半年	bàn nián
season (summer, etc.)	季节	jì jié
century	世纪	shì jì

22. Time. Miscellaneous

time	时间	shí jiān
instant (n)	瞬间	shùn jiān
moment	瞬间	shùn jiān
instant (adj)	瞬间的	shùn jiān de
lapse (of time)	时期	shí qī
life	一生	yī shēng
eternity	永恒	yǒng héng
epoch	时代	shí dài
era	纪元	jì yuán
cycle	周期	zhōu qī
period	时期	shí qī
term (short-~)	期限	qī xiàn
the future	未来	wèi lái
future (as adj)	未来的	wèi lái de
next time	下次	xià cì
the past	过去	guò qù
past (recent)	过去的	guò qu de
last time	上次	shàng cì
later (adv)	后来	hòu lái
after (prep.)	在 … 以后	zài … yǐ hòu
nowadays (adv)	目前	mù qián
now (adv)	现在	xiàn zài
immediately (adv)	立即	lì jí
soon (adv)	很快	hěn kuài
in advance (beforehand)	预先	yù xiān
a long time ago	很久以前	hěn jiǔ yǐ qián
recently (adv)	最近	zuì jìn
destiny	命运	mìng yùn
memories (childhood ~)	记忆力	jì yì lì
archives	档案馆	dàng àn guǎn
during …	在 … 期间	zài … qī jiān
long, a long time (adv)	长时间的	cháng shí jiān de

not long (adv)	不长	bù cháng
early (in the morning)	早	zǎo
late (not early)	晚	wǎn

forever (for good)	永远	yǒng yuǎn
to start (begin)	开始	kāi shǐ
to postpone (vt)	推迟	tuī chí

at the same time	同时	tóng shí
permanently (adv)	长期不变地	chángqī bùbiàn de
constant (noise, pain)	不断的	bù duàn de
temporary (adj)	暂时的	zàn shí de

sometimes (adv)	有时	yǒu shí
rarely (adv)	少见地	shǎo jiàn dì
often (adv)	经常	jīng cháng

23. Opposites

| rich (adj) | 富裕的 | fù yù de |
| poor (adj) | 贫穷的 | pín qióng de |

| ill, sick (adj) | 生病的 | shēng bìng de |
| healthy (adj) | 健康的 | jiàn kāng de |

| big (adj) | 大的 | dà de |
| small (adj) | 小的 | xiǎo de |

| quickly (adv) | 快 | kuài |
| slowly (adv) | 慢慢地 | màn màn de |

| fast (adj) | 快的 | kuài de |
| slow (adj) | 慢的 | màn de |

| cheerful (adj) | 快乐的 | kuài lè de |
| sad (adj) | 悲哀的 | bēi āi de |

| together (adv) | 一起 | yī qǐ |
| separately (adv) | 分别地 | fēn bié de |

| aloud (to read) | 出声地 | chū shēng de |
| silently (to oneself) | 看书 | kàn shū |

| tall (adj) | 高的 | gāo de |
| low (adj) | 低的 | dī de |

deep (adj)	深的	shēn de
shallow (adj)	浅的	qiǎn de
yes	是	shì
no	不	bù

distant (in space)	远的	yuǎn de
nearby (adj)	近的	jìn de
far (adv)	远	yuǎn
nearby (adv)	附近	fù jìn
long (adj)	长的	cháng de
short (adj)	短的	duǎn de
good (kindhearted)	良好的	liáng hǎo de
evil (adj)	凶恶的	xiōng è de
married (adj)	已婚的	yǐ hūn de
single (adj)	独身的	dú shēn de
to forbid (vt)	禁止	jìn zhǐ
to permit (vt)	允许	yǔn xǔ
end	末尾	mò wěi
beginning	起点	qǐ diǎn
left (adj)	左边的	zuǒ bian de
right (adj)	右边的	yòu bian de
first (adj)	第一的	dì yī de
last (adj)	最后的	zuì hòu de
crime	罪行	zuì xíng
punishment	惩罚	chéng fá
to order (vt)	命令	mìng lìng
to obey (vi, vt)	服从	fú cóng
straight (adj)	直的	zhí de
curved (adj)	弯曲的	wān qū de
paradise	天堂	tiān táng
hell	地狱	dì yù
to be born	出生	chū shēng
to die (vi)	死，死亡	sǐ, sǐ wáng
strong (adj)	强壮的	qiáng zhuàng de
weak (adj)	微弱的	wēi ruò de
old (adj)	老的	lǎo de
young (adj)	年轻的	nián qīng de
old (adj)	旧的	jiù de
new (adj)	新的	xīn de
hard (adj)	硬的	yìng de
soft (adj)	软的	ruǎn de

| warm (adj) | 暖和的 | nuǎn huo de |
| cold (adj) | 冷的 | lěng de |

| fat (adj) | 胖的 | pàng de |
| thin (adj) | 瘦的 | shòu de |

| narrow (adj) | 窄的 | zhǎi de |
| wide (adj) | 宽的 | kuān de |

| good (adj) | 好的 | hǎo de |
| bad (adj) | 坏的 | huài de |

| brave (adj) | 勇敢的 | yǒng gǎn de |
| cowardly (adj) | 怯懦的 | qiè nuò de |

24. Lines and shapes

square	正方形	zhèng fāng xíng
square (as adj)	正方形的	zhèng fāng xíng de
circle	圆，圆形	yuán, yuán xíng
round (adj)	圆的	yuán de
triangle	三角形	sān jiǎo xíng
triangular (adj)	三角形的	sān jiǎo xíng de

oval	卵形线	luǎn xíng xiàn
oval (as adj)	卵形的	luǎn xíng de
rectangle	矩形	jǔ xíng
rectangular (adj)	矩形的	jǔ xíng de

pyramid	角椎体	jiǎo zhuī tǐ
rhombus	菱形	líng xíng
trapezoid	梯形	tī xíng
cube	立方体	lì fāng tǐ
prism	棱柱体	léng zhù tǐ

circumference	周长	zhōu cháng
sphere	球形	qiú xíng
ball (solid sphere)	球体	qiú tǐ
diameter	直径	zhí jìng
radius	半径	bàn jìng
perimeter (circle's ~)	周长	zhōu cháng
center	中间	zhōng jiān

horizontal (adj)	横的	héng de
vertical (adj)	竖直的	shù zhí de
parallel (n)	平行线	píng xíng xiàn
parallel (as adj)	平行的	píng xíng de

| line | 线 | xiàn |
| stroke | 笔画 | bǐ huà |

straight line	直线	zhí xiàn
curve (curved line)	曲线	qū xiàn
thin (line, etc.)	薄的	báo de
contour (outline)	外形	wài xíng
intersection	交点	jiāo diǎn
right angle	直角	zhí jiǎo
segment	弓形	gōng xíng
sector	扇形	shàn xíng
side (of triangle)	边	biān
angle	角	jiǎo

25. Units of measurement

weight	重量	zhòng liàng
length	长，长度	cháng, cháng dù
width	宽度	kuān dù
height	高度	gāo dù
depth	深度	shēn dù
volume	容量	róng liàng
area	面积	miàn jī

gram	克	kè
milligram	毫克	háo kè
kilogram	公斤	gōng jīn
ton	吨	dūn
pound	磅	bàng
ounce	盎司	àng sī

meter	米	mǐ
millimeter	毫米	háo mǐ
centimeter	厘米	límǐ
kilometer	公里	gōng lǐ
mile	英里	yīng lǐ

inch	英寸	yīng cùn
foot	英尺	yīng chǐ
yard	码	mǎ

| square meter | 平方米 | píng fāng mǐ |
| hectare | 公顷 | gōng qǐng |

liter	升	shēng
degree	度	dù
volt	伏，伏特	fú, fú tè
ampere	安培	ān péi
horsepower	马力	mǎ lì

| quantity | 量 | liàng |
| a little bit of ... | 一点 | yī diǎn |

half	一半	yī bàn
dozen	一打	yī dá
piece (item)	个	gè

| size | 大小 | dà xiǎo |
| scale (map ~) | 比例 | bǐ lì |

minimal (adj)	最低的	zuì dī de
the smallest (adj)	最小的	zuì xiǎo de
medium (adj)	中等的	zhōng děng de
maximal (adj)	最多的	zuì duō de
the largest (adj)	最大的	zuì dà de

26. Containers

jar (glass)	玻璃罐	bōli guàn
can	罐头	guàn tou
bucket	吊桶	diào tǒng
barrel	桶	tǒng

basin (for washing)	盆	pén
tank (for liquid, gas)	箱	xiāng
hip flask	小酒壶	xiǎo jiǔ hú
jerrycan	汽油罐	qì yóu guàn
cistern (tank)	储水箱	chǔ shuǐ xiāng

mug	马克杯	mǎkè bēi
cup (of coffee, etc.)	杯子	bēi zi
saucer	碟子	dié zi
glass (tumbler)	杯子	bēi zi
wineglass	酒杯	jiǔ bēi
saucepan	炖锅	dùn guō

| bottle (~ of wine) | 瓶子 | píng zi |
| neck (of the bottle) | 瓶颈 | píng jǐng |

carafe	长颈玻璃瓶	chángjǐng bōli píng
pitcher (earthenware)	粘土壶	nián tǔ hú
vessel (container)	器皿	qì mǐn
pot (crock)	花盆	huā pén
vase	花瓶	huā píng

bottle (~ of perfume)	小瓶	xiǎo píng
vial, small bottle	小玻璃瓶	xiǎo bōli píng
tube (of toothpaste)	软管	ruǎn guǎn

sack (bag)	麻袋	má dài
bag (paper ~, plastic ~)	袋	dài
pack (of cigarettes, etc.)	包，盒	bāo, hé
box (e.g., shoebox)	盒子	hé zi

| crate | 箱子 | xiāng zi |
| basket | 篮子 | lán zi |

27. Materials

material	材料	cái liào
wood	木头	mù tou
wooden (adj)	木头的	mù tou de

| glass (n) | 玻璃 | bō li |
| glass (as adj) | 玻璃的 | bō li de |

| stone (n) | 石头，石料 | shí tou, shí liào |
| stone (as adj) | 石头的 | shí tou de |

| plastic (n) | 塑料 | sù liào |
| plastic (as adj) | 塑料的 | sù liào de |

| rubber (n) | 橡胶 | xiàng jiāo |
| rubber (as adj) | 橡胶的 | xiàng jiāo de |

| cloth, fabric (n) | 布料 | bùliào |
| fabric (as adj) | 用布料作的 | yòng bùliào zuò de |

| paper (n) | 纸 | zhǐ |
| paper (as adj) | 用纸作的 | yòng zhǐ zuò de |

| cardboard (n) | 硬纸板 | yìng zhǐ bǎn |
| cardboard (as adj) | 硬纸板制的 | yìng zhǐ bǎn zhì de |

polyethylene	聚乙烯	jù yǐ xī
cellophane	玻璃纸	bōli zhǐ
plywood	胶合板	jiāo hé bǎn

porcelain (n)	瓷	cí
porcelain (as adj)	瓷的	cí de
clay (n)	粘土	nián tǔ
clay (as adj)	粘土的	nián tǔ de
ceramics (n)	陶瓷	táo cí
ceramic (as adj)	陶瓷的	táo cí de

28. Metals

metal (n)	金属	jīn shǔ
metal (as adj)	金属的	jīn shǔ de
alloy (n)	合金	hé jīn
gold (n)	黄金	huáng jīn
gold, golden (adj)	金的	jīn de

silver (n)	银	yín
silver (as adj)	银的	yín de
iron (n)	铁	tiě
iron (adj), made of iron	铁的	tiě de
steel (n)	钢铁	gāng tiě
steel (as adj)	钢铁的	gāng tiě de
copper (n)	铜	tóng
copper (as adj)	铜的	tóng de
aluminum (n)	铝	lǚ
aluminum (as adj)	铝 … , 铝的	lǚ …, lǚde
bronze (n)	青铜	qīng tóng
bronze (as adj)	青铜的	qīng tóng de
brass	黄铜	huáng tóng
nickel	镍	niè
platinum	白金	bái jīn
mercury	水银	shuǐ yín
tin	锡	xī
lead	铅	qiān
zinc	锌	xīn

HUMAN BEING

Human being. The body

29. Humans. Basic concepts

human being	人	rén
man (adult male)	男人	nán rén
woman	女人	nǚ rén
child	孩子	hái zi
girl	女孩	nǚ hái
boy	男孩	nán hái
teenager	少年	shào nián
old man	老先生	lǎo xiān sheng
old woman	老妇人	lǎo fù rén

30. Human anatomy

organism	人体	rén tǐ
heart	心，心脏	xīn, xīn zàng
blood	血	xuè
artery	动脉	dòng mài
vein	静脉	jìng mài
brain	脑	nǎo
nerve	神经	shén jīng
nerves	神经	shén jīng
vertebra	椎骨	zhuī gǔ
spine	脊柱	jǐ zhù
stomach (organ)	胃	wèi
intestines, bowel	肠	cháng
intestine (e.g., large ~)	肠	cháng
liver	肝，肝脏	gān, gān zàng
kidney	肾	shèn
bone	骨头	gǔtou
skeleton	骨骼	gǔ gé
rib	肋骨	lèi gǔ
skull	头骨	tóu gǔ
muscle	肌肉	jī ròu
biceps	二头肌	èr tóu jī

triceps	三头肌	sān tóu jī
tendon	腱，肌腱	jiàn, jī jiàn
joint	关节	guān jié
lungs	肺	fèi
genitals	生殖器	shēng zhí qì
skin	皮肤	pí fū

31. Head

head	头	tóu
face	脸，面孔	liǎn, miàn kǒng
nose	鼻子	bí zi
mouth	口，嘴	kǒu, zuǐ

eye	眼	yǎn
eyes	眼睛	yǎn jing
pupil	瞳孔	tóng kǒng
eyebrow	眉毛	méi mao
eyelash	睫毛	jié máo
eyelid	眼皮	yǎn pí

tongue	舌，舌头	shé, shé tou
tooth	牙，牙齿	yá, yá chǐ
lips	唇	chún
cheekbones	颧骨	quán gǔ
gum	齿龈	chǐ yín
palate	腭	è

nostrils	鼻孔	bí kǒng
chin	颏	kē
jaw	下颌	xià hé
cheek	脸颊	liǎn jiá

forehead	前额	qián é
temple	太阳穴	tài yáng xué
ear	耳朵	ěr duo
back of the head	后脑勺儿	hòu nǎo sháo r
neck	颈	jīng
throat	喉部	hóu bù

hair	头发	tóu fa
hairstyle	发型	fà xíng
haircut	发式	fà shì
wig	假发	jiǎ fà

mustache	胡子	hú zi
beard	胡须	hú xū
to have (a beard, etc.)	蓄着	xù zhuó
braid	辫子	biàn zi
sideburns	鬓角	bìn jiǎo

red-haired (adj)	红发的	hóng fà de
gray (hair)	灰白的	huī bái de
bald (adj)	秃头的	tū tóu de
bald patch	秃头	tū tóu

| ponytail | 马尾辫 | mǎ wěi biàn |
| bangs | 刘海 | liú hǎi |

32. Human body

| hand | 手 | shǒu |
| arm | 胳膊 | gēbo |

finger	手指	shǒu zhǐ
thumb	拇指	mǔ zhǐ
little finger	小指	xiǎo zhǐ
nail	指甲	zhǐ jia

fist	拳	quán
palm	手掌	shǒu zhǎng
wrist	腕	wàn
forearm	前臂	qián bì
elbow	肘	zhǒu
shoulder	肩膀	jiān bǎng

leg	腿	tuǐ
foot	脚, 足	jiǎo, zú
knee	膝, 膝盖	xī, xī gài
calf (part of leg)	小腿肚	xiǎo tuǐ dù
hip	臀部	tún bù
heel	后跟	hòu gēn

body	身体	shēntǐ
stomach	腹, 腹部	fù, fù bù
chest	胸	xiōng
breast	乳房	rǔ fáng
flank	体侧	tǐ cè

back	背	bèi
lower back	下背	xià bèi
waist	腰	yāo

navel	肚脐	dù qí
buttocks	臀部, 屁股	tún bù, pì gu
bottom	屁股	pì gu

beauty mark	痣	zhì
birthmark	胎痣	tāi zhì
tattoo	文身	wén shēn
scar	疤	bā

Clothing & Accessories

33. Outerwear. Coats

clothes	服装	fú zhuāng
outer clothes	外衣，上衣	wài yī, shàng yī
winter clothes	寒衣	hán yī
overcoat	大衣	dà yī
fur coat	皮大衣	pí dà yī
fur jacket	皮草短外套	pí cǎo duǎn wài tào
down coat	羽绒服	yǔ róng fú
jacket (e.g., leather ~)	茄克衫	jiā kè shān
raincoat	雨衣	yǔ yī
waterproof (adj)	不透水的	bù tòu shuǐ de

34. Men's & women's clothing

shirt	衬衫	chèn shān
pants	裤子	kù zi
jeans	牛仔裤	niú zǎi kù
jacket (of man's suit)	西服上衣	xī fú shàng yī
suit	套装	tào zhuāng
dress (frock)	连衣裙	lián yī qún
skirt	裙子	qún zi
blouse	女衬衫	nǚ chèn shān
knitted jacket	针织毛衣	zhēn zhī máo yī
jacket (of woman's suit)	茄克衫	jiā kè shān
T-shirt	T袖	T xù
shorts (short trousers)	短裤	duǎn kù
tracksuit	运动服	yùn dòng fú
bathrobe	浴衣	yù yī
pajamas	睡衣	shuì yī
sweater	毛衣	máo yī
pullover	套头衫	tào tóu shān
vest	马甲	mǎ jiǎ
tailcoat	燕尾服	yàn wěi fú
tuxedo	无尾礼服	wú wěi lǐ fú
uniform	制服	zhì fú

workwear	工作服	gōng zuò fú
overalls	连体服	lián tǐ fú
coat (e.g., doctor's smock)	医师服	yī shī fú

35. Clothing. Underwear

underwear	内衣	nèi yī
undershirt (A-shirt)	汗衫	hàn shān
socks	短袜	duǎn wà

nightgown	睡衣	shuì yī
bra	乳罩	rǔ zhào
knee highs	膝上袜	xī shàng wà
tights	连裤袜	lián kù wà
stockings (thigh highs)	长筒袜	cháng tǒng wà
bathing suit	游泳衣	yóu yǒng yī

36. Headwear

hat	帽子	mào zi
fedora	礼帽	lǐ mào
baseball cap	棒球帽	bàng qiú mào
flatcap	鸭舌帽	yā shé mào

beret	贝雷帽	bèi léi mào
hood	风帽	fēng mào
panama hat	巴拿马草帽	bānámǎ cǎo mào
knitted hat	针织帽	zhēn zhī mào

| headscarf | 头巾 | tóujīn |
| women's hat | 女式帽 | nǚshì mào |

hard hat	安全帽	ān quán mào
garrison cap	船形帽	chuán xíng mào
helmet	头盔	tóu kuī

| derby | 圆顶礼帽 | yuán dǐng lǐ mào |
| top hat | 大礼帽 | dà lǐ mào |

37. Footwear

footwear	鞋类	xié lèi
ankle boots	短靴	duǎn xuē
shoes (low-heeled ~)	翼尖鞋	yì jiān xié
boots (cowboy ~)	靴子	xuē zi
slippers	拖鞋	tuō xié

tennis shoes	运动鞋	yùndòng xié
sneakers	胶底运动鞋	jiāodǐ yùndòng xié
sandals	凉鞋	liáng xié
cobbler	鞋匠	xié jiàng
heel	鞋后跟	xié hòu gēn
pair (of shoes)	一双	yī shuāng
shoestring	鞋带	xié dài
to lace (vt)	系鞋带	jì xié dài
shoehorn	鞋拔	xié bá
shoe polish	鞋油	xié yóu

38. Textile. Fabrics

cotton (n)	棉布	mián bù
cotton (as adj)	棉布	mián bù
flax (n)	亚麻	yà má
flax (as adj)	亚麻制的	yà má zhì de
silk (n)	丝	sī
silk (as adj)	丝 … , 丝的	sī …, sī de
wool (n)	羊毛	yáng máo
woolen (adj)	羊毛的	yáng máo de
velvet	丝绒	sī róng
suede	绒面革	róng miàn gé
corduroy	绒布	róng bù
nylon (n)	尼龙	ní lóng
nylon (as adj)	尼龙的	ní lóng de
polyester (n)	聚酯纤维	jù zhǐ xiān wéi
polyester (as adj)	聚酯纤维的	jù zhǐ xiān wéi de
leather (n)	皮革	pí gé
leather (as adj)	皮革 … , 皮的	pí gé …, pí de
fur (n)	毛皮	máo pí
fur (e.g., ~ coat)	毛皮的	máo pí de

39. Personal accessories

gloves	手套	shǒu tào
mittens	连指手套	lián zhǐ shǒu tào
scarf (muffler)	围巾	wéi jīn
glasses	眼镜	yǎn jìng
frame (eyeglass ~)	眼镜框	yǎn jìng kuàng
umbrella	雨伞	yǔ sǎn

walking stick	手杖	shǒu zhàng
hairbrush	梳子	shū zi
fan	扇子	shàn zi

necktie	领带	lǐng dài
bow tie	领结	lǐng jié
suspenders	吊裤带	diào kù dài
handkerchief	手帕	shǒu pà

comb	梳子	shū zi
barrette	发夹	fà jiā
hairpin	发针	fà zhēn
buckle	皮带扣	pí dài kòu

| belt | 腰带 | yāo dài |
| shoulder strap | 肩带 | jiān dài |

bag (handbag)	包	bāo
purse	女手提包	nǚ shǒutí bāo
backpack	背包	bēi bāo

40. Clothing. Miscellaneous

fashion	时装	shí zhuāng
in vogue (adj)	正在流行	zhèng zài liú xíng
fashion designer	时装设计师	shízhuāng shèjìshī

collar	衣领, 领子	yī lǐng, lǐng zi
pocket	口袋	kǒu dài
pocket (as adj)	口袋的	kǒu dài de
sleeve	袖子	xiù zi
hanging loop	挂衣环	guà yī huán
fly (on trousers)	前开口	qián kāi kǒu

zipper (fastener)	拉链	lā liàn
fastener	扣子	kòu zi
button	纽扣	niǔ kòu
buttonhole	钮扣孔	niǔ kòu kǒng
to come off (ab. button)	掉	diào

to sew (vi, vt)	缝纫	féng rèn
to embroider (vi, vt)	绣	xiù
embroidery	绣花	xiù huā
sewing needle	针	zhēn
thread	线	xiàn
seam	线缝	xiàn féng

to get dirty (vi)	弄脏	nòng zāng
stain (mark, spot)	污点, 污迹	wū diǎn, wū jì
to crease, crumple (vi)	起皱	qǐ zhòu

| to tear (vt) | 扯破 | chě pò |
| clothes moth | 衣蛾 | yī é |

41. Personal care. Cosmetics

toothpaste	牙膏	yá gāo
toothbrush	牙刷	yá shuā
to brush one's teeth	刷牙	shuā yá

razor	剃须刀	tì xū dāo
shaving cream	剃须膏	tì xū gāo
to shave (vi)	刮脸	guā liǎn

| soap | 肥皂 | féi zào |
| shampoo | 洗发液 | xǐ fā yè |

scissors	剪子，剪刀	jiǎn zi, jiǎndāo
nail file	指甲锉	zhǐ jia cuò
nail clippers	指甲钳	zhǐ jia qián
tweezers	镊子	niè zi

cosmetics	化妆品	huà zhuāng pǐn
face mask	面膜	miàn mó
manicure	美甲	měi jiǎ
to have a manicure	修指甲	xiū zhǐ jia
pedicure	足部护理	zú bù hù lǐ

make-up bag	化妆包	huà zhuāng bāo
face powder	粉	fěn
powder compact	粉盒	fěn hé
blusher	胭脂	yān zhī

perfume (bottled)	香水	xiāng shuǐ
toilet water (perfume)	香水	xiāng shuǐ
lotion	润肤液	rùn fū yè
cologne	古龙水	gǔ lóng shuǐ

eyeshadow	眼影	yǎn yǐng
eyeliner	眼线笔	yǎn xiàn bǐ
mascara	睫毛膏	jié máo gāo

lipstick	口红	kǒu hóng
nail polish, enamel	指甲油	zhǐjia yóu
hair spray	喷雾发胶	pēn wù fà jiāo
deodorant	除臭剂	chú chòu jì

cream	护肤霜	hù fū shuāng
face cream	面霜	miàn shuāng
hand cream	护手霜	hù shǒu shuāng
anti-wrinkle cream	抗皱霜	kàng zhòu shuāng

day (as adj)	白天的	bái tiān de
night (as adj)	夜间的	yè jiān de

tampon	卫生棉条	wèi shēng mián tiáo
toilet paper	卫生纸	wèi shēng zhǐ
hair dryer	吹风机	chuī fēng jī

42. Jewelry

jewelry	珠宝	zhū bǎo
precious (e.g., ~ stone)	宝 … ，宝贵的	bǎo …, bǎoguì de
hallmark	印记	yìn jì
ring	戒指	jièzhi
wedding ring	结婚戒指	jiéhūn jièzhi
bracelet	手镯	shǒu zhuó

earrings	耳环	ěr huán
necklace (~ of pearls)	项链	xiàng liàn
crown	王冠	wáng guān
bead necklace	珠串项链	zhū chuàn xiàng liàn

diamond	钻石	zuàn shí
emerald	绿宝石	lǜ bǎo shí
ruby	红宝石	hóng bǎo shí
sapphire	蓝宝石	lán bǎo shí
pearl	珍珠	zhēn zhū
amber	琥珀	hǔpò

43. Watches. Clocks

watch (wristwatch)	手表	shǒu biǎo
dial	钟面	zhōng miàn
hand (of clock, watch)	指针	zhǐ zhēn
metal watch band	手表链	shǒu biǎo liàn
watch strap	表带	biǎo dài

battery	电池	diàn chí
to be dead (battery)	没电	méi diàn
to change a battery	换电池	huàn diàn chí
to run fast	快	kuài
to run slow	慢	màn

wall clock	挂钟	guà zhōng
hourglass	沙漏	shā lòu
sundial	日规	rì guī
alarm clock	闹钟	nào zhōng
watchmaker	钟表匠	zhōng biǎo jiàng
to repair (vt)	修理	xiū lǐ

Food. Nutricion

44. Food

meat	肉	ròu
chicken	鸡肉	jī ròu
young chicken	小鸡	xiǎo jī
duck	鸭子	yā zi
goose	鹅肉	é ròu
game	猎物	liè wù
turkey	火鸡	huǒ jī

pork	猪肉	zhū ròu
veal	小牛肉	xiǎo niú ròu
lamb	羊肉	yáng ròu
beef	牛肉	niú ròu
rabbit	兔肉	tù ròu

sausage (salami, etc.)	香肠	xiāng cháng
vienna sausage	小灌肠	xiǎo guàn cháng
bacon	腊肉	là ròu
ham	火腿	huǒ tuǐ
gammon (ham)	熏火腿	xūn huǒ tuǐ

pâté	鹅肝酱	é gān jiàng
liver	肝	gān
lard	猪油	zhū yóu
ground beef	碎牛肉	suì niú ròu
tongue	口条	kǒu tiáo

egg	鸡蛋	jī dàn
eggs	鸡蛋	jī dàn
egg white	蛋白	dàn bái
egg yolk	蛋黄	dàn huáng

fish	鱼	yú
seafood	海鲜	hǎi xiān
caviar	鱼子酱	yúzǐ jiàng

crab	螃蟹	páng xiè
shrimp	虾，小虾	xiā, xiǎo xiā
oyster	牡蛎	mǔ lì
spiny lobster	龙虾	lóng xiā
octopus	章鱼	zhāng yú
squid	鱿鱼	yóu yú
sturgeon	鲟鱼	xú nyú

salmon	鲑鱼	guī yú
halibut	比目鱼	bǐ mù yú
cod	鳕鱼	xuě yú
mackerel	鲭鱼	qīng yú
tuna	金枪鱼	jīn qiāng yú
eel	鳗鱼，鳝鱼	mán yú, shàn yú
trout	鳟鱼	zūn yú
sardine	沙丁鱼	shā dīng yú
pike	狗鱼	gǒu yú
herring	鲱鱼	fēi yú
bread	面包	miàn bāo
cheese	奶酪	nǎi lào
sugar	糖	táng
salt	盐，食盐	yán, shí yán
rice	米	mǐ
pasta	通心粉	tōng xīn fěn
noodles	面条	miàn tiáo
butter	黄油	huáng yóu
vegetable oil	植物油	zhí wù yóu
sunflower oil	向日葵油	xiàng rì kuí yóu
margarine	人造奶油	rénzào nǎi yóu
olives	橄榄	gǎn lǎn
olive oil	橄榄油	gǎn lǎn yóu
milk	牛奶	niú nǎi
condensed milk	炼乳	liàn rǔ
yogurt	酸奶	suān nǎi
sour cream	酸奶油	suān nǎi yóu
cream (of milk)	奶油	nǎi yóu
mayonnaise	蛋黄酱	dàn huáng jiàng
buttercream	乳脂	rǔ zhī
cereal grain (wheat, etc.)	谷粒	gǔ lì
flour	面粉	miàn fěn
canned food	罐头食品	guàn tou shí pǐn
cornflakes	玉米片	yù mǐ piàn
honey	蜂蜜	fēng mì
jam	果冻	guǒ dòng
chewing gum	口香糖	kǒu xiāng táng

45. Drinks

water	水	shuǐ
drinking water	饮用水	yǐn yòng shuǐ
mineral water	矿泉水	kuàng quán shuǐ

still (adj)	无气的	wú qì de
carbonated (adj)	苏打 ···	sū dá …
sparkling (adj)	汽水	qì shuǐ
ice	冰	bīng
with ice	加冰的	jiā bīng de
non-alcoholic (adj)	不含酒精的	bù hán jiǔ jīng de
soft drink	软性饮料	ruǎn xìng yǐn liào
cool soft drink	清凉饮料	qīng liáng yǐn liào
lemonade	柠檬水	níng méng shuǐ
liquor	烈酒	liè jiǔ
liqueur	甜酒	tián jiǔ
champagne	香槟	xiāng bīn
vermouth	苦艾酒	kǔ ài jiǔ
whisky	威士忌酒	wēi shì jì jiǔ
vodka	伏特加	fú tè jiā
gin	杜松子酒	dù sōng zǐ jiǔ
cognac	法国白兰地	fǎguó báilándì
rum	朗姆酒	lǎng mǔ jiǔ
coffee	咖啡	kāfēi
black coffee	黑咖啡	hēi kāfēi
coffee with milk	加牛奶的咖啡	jiāniúnǎide kāfēi
cappuccino	卡布奇诺	kǎ bù jī nuò
instant coffee	速溶咖啡	sùróng kāfēi
milk	牛奶	niú nǎi
cocktail	鸡尾酒	jī wěi jiǔ
milk shake	奶昔	nǎi xī
juice	果汁	guǒzhī
tomato juice	番茄汁	fān qié zhī
orange juice	橙子汁	chéng zi zhī
freshly squeezed juice	新鲜果汁	xīnxiān guǒzhī
beer	啤酒	píjiǔ
light beer	淡啤酒	dàn píjiǔ
dark beer	黑啤酒	hēi píjiǔ
tea	茶	chá
black tea	红茶	hóng chá
green tea	绿茶	lǜ chá

46. Vegetables

vegetables	蔬菜	shū cài
greens	青菜	qīng cài
tomato	西红柿	xī hóng shì

cucumber	黄瓜	huáng guā
carrot	胡萝卜	hú luó bo
potato	土豆	tǔ dòu
onion	洋葱	yáng cōng
garlic	大蒜	dà suàn

cabbage	洋白菜	yáng bái cài
cauliflower	菜花	cài huā
Brussels sprouts	球芽甘蓝	qiú yá gān lán
broccoli	西蓝花	xī lán huā

beetroot	甜菜	tiáncài
eggplant	茄子	qié zi
zucchini	西葫芦	xī hú lu
pumpkin	南瓜	nán guā
turnip	蔓菁	mán jing

parsley	欧芹	ōu qín
dill	莳萝	shì luó
lettuce	生菜，莴苣	shēng cài, wō jù
celery	芹菜	qín cài
asparagus	芦笋	lú sǔn
spinach	菠菜	bō cài

pea	豌豆	wān dòu
beans	豆子	dòu zi
corn (maize)	玉米	yù mǐ
kidney bean	四季豆	sì jì dòu

pepper	胡椒，辣椒	hú jiāo, là jiāo
radish	水萝卜	shuǐ luó bo
artichoke	朝鲜蓟	cháo xiǎn jì

47. Fruits. Nuts

fruit	水果	shuǐ guǒ
apple	苹果	píng guǒ
pear	梨	lí
lemon	柠檬	níng méng
orange	橙子	chén zi
strawberry	草莓	cǎo méi

mandarin	橘子	jú zi
plum	李子	lǐ zi
peach	桃子	táo zi
apricot	杏子	xìng zi
raspberry	覆盆子	fù pén zi
pineapple	菠萝	bō luó
banana	香蕉	xiāng jiāo
watermelon	西瓜	xī guā

grape	葡萄	pú tao
sour cherry	樱桃	yīngtáo
sweet cherry	欧洲甜樱桃	ōuzhōu tián yīngtáo
melon	瓜，甜瓜	guā, tián guā

grapefruit	葡萄柚	pú tao yòu
avocado	鳄梨	è lí
papaya	木瓜	mù guā
mango	芒果	máng guǒ
pomegranate	石榴	shí liú

redcurrant	红醋栗	hóng cù lì
blackcurrant	黑醋栗	hēi cù lì
gooseberry	醋栗	cù lì
bilberry	越橘	yuè jú
blackberry	黑莓	hēi méi

raisin	葡萄干	pútao gān
fig	无花果	wú huā guǒ
date	海枣	hǎi zǎo

peanut	花生	huā shēng
almond	杏仁	xìng rén
walnut	核桃	hé tao

hazelnut	榛子	zhēn zi
coconut	椰子	yē zi
pistachios	开心果	kāi xīn guǒ

48. Bread. Candy

confectionery (pastry)	油酥面饼	yóu sū miàn bǐng
bread	面包	miàn bāo
cookies	饼干	bǐng gān

chocolate (n)	巧克力	qiǎo kè lì
chocolate (as adj)	巧克力的	qiǎo kè lì de
candy	糖果	táng guǒ

| cake (e.g., cupcake) | 小蛋糕 | xiǎo dàngāo |
| cake (e.g., birthday ~) | 蛋糕 | dàngāo |

| pie (e.g., apple ~) | 大馅饼 | dà xiàn bǐng |
| filling (for cake, pie) | 馅 | xiàn |

| whole fruit jam | 果酱 | guǒ jiàng |
| marmalade | 酸果酱 | suān guǒ jiàng |

| waffle | 华夫饼干 | huá fū bǐng gān |
| ice-cream | 冰淇淋 | bīng qí lín |

49. Cooked dishes

course, dish	菜	cài
cuisine	菜肴	cài yáo
recipe	烹饪法	pēng rèn fǎ
portion	一份	yī fèn
salad	沙拉	shā lā
soup	汤	tāng
clear soup (broth)	清汤	qīng tāng
sandwich (bread)	三明治	sān míng zhì
fried eggs	煎蛋	jiān dàn
cutlet (croquette)	肉饼	ròu bǐng
hamburger (beefburger)	汉堡	hàn bǎo
beefsteak	牛排	niú pái
stew	烤肉	kǎo ròu
side dish	配菜	pèi cài
spaghetti	意大利面条	yì dà lì miàn tiáo
mashed potatoes	土豆泥	tǔ dòu ní
pizza	比萨饼	bǐ sà bǐng
porridge (oatmeal, etc.)	麦片粥	mài piàn zhōu
omelet	鸡蛋饼	jīdàn bǐng
boiled (e.g., ~ beef)	煮熟的	zhǔ shóu de
smoked (adj)	熏烤的	xūn kǎo de
fried (adj)	油煎的	yóu jiān de
dried (adj)	干的	gān de
frozen (adj)	冷冻的	lěng dòng de
pickled (adj)	醋渍的	cù zì de
sweet (sugary)	甜的	tián de
salty (adj)	咸的	xián de
cold (adj)	冷的	lěng de
hot (adj)	烫的	tàng de
bitter (adj)	苦的	kǔ de
tasty (adj)	美味的	měi wèi de
to cook in boiling water	做饭	zuò fàn
to cook (dinner)	做饭	zuò fàn
to fry (vt)	油煎	yóu jiān
to heat up (food)	加热	jiā rè
to salt (vt)	加盐	jiā yán
to pepper (vt)	加胡椒	jiā hú jiāo
to grate (vt)	磨碎	mò suì
peel (n)	皮	pí
to peel (vt)	剥皮	bāo pí

50. Spices

salt	盐，食盐	yán, shí yán
salty (adj)	含盐的	hán yán de
to salt (vt)	加盐	jiā yán
black pepper	黑胡椒	hēi hú jiāo
red pepper	红辣椒粉	hóng là jiāo fěn
mustard	芥末	jiè mo
horseradish	辣根汁	là gēn zhī
condiment	调味品	diào wèi pǐn
spice	香料	xiāng liào
sauce	调味汁	tiáo wèi zhī
vinegar	醋	cù
anise	茴芹	huí qín
basil	罗勒	luó lè
cloves	丁香	dīng xiāng
ginger	姜	jiāng
coriander	芫荽	yuán suī
cinnamon	肉桂	ròu guì
sesame	芝麻	zhī ma
bay leaf	月桂叶	yuè guì yè
paprika	红甜椒粉	hóng tián jiāo fěn
caraway	葛缕子	gélǚ zi
saffron	番红花	fān hóng huā

51. Meals

food	食物	shí wù
to eat (vi, vt)	吃	chī
breakfast	早饭	zǎo fàn
to have breakfast	吃早饭	chī zǎo fàn
lunch	午饭	wǔ fàn
to have lunch	吃午饭	chī wǔ fàn
dinner	晚餐	wǎn cān
to have dinner	吃晚饭	chī wǎn fàn
appetite	胃口	wèi kǒu
Enjoy your meal!	请慢用！	qǐng màn yòng!
to open (~ a bottle)	打开	dǎ kāi
to spill (liquid)	洒出	sǎ chū
to spill out (vi)	洒出	sǎ chū
to boil (vi)	煮开	zhǔ kāi
to boil (vt)	烧开	shāo kāi

boiled (~ water)	煮开过的	zhǔ kāi guò de
to chill, cool down (vt)	变凉	biàn liáng
to chill (vi)	变凉	biàn liáng

| taste, flavor | 味道 | wèi dào |
| aftertaste | 回味，余味 | huí wèi, yú wèi |

to be on a diet	减肥	jiǎn féi
diet	日常饮食	rì cháng yǐn shí
vitamin	维生素	wéi shēng sù
calorie	卡路里	kǎlùlǐ
vegetarian (n)	素食者	sù shí zhě
vegetarian (adj)	素的	sù de

fats (nutrient)	脂肪	zhī fáng
proteins	蛋白质	dàn bái zhì
carbohydrates	碳水化合物	tàn shuǐ huà hé wù
slice (of lemon, ham)	一片	yī piàn
piece (of cake, pie)	一块	yī kuài
crumb (of bread)	面包屑	miàn bāo xiè

52. Table setting

spoon	勺子	sháo zi
knife	刀，刀子	dāo, dāo zi
fork	叉，餐叉	chā, cān chā

cup (of coffee)	杯子	bēi zi
plate (dinner ~)	盘子	pán zi
saucer	碟子	dié zi
napkin (on table)	餐巾	cān jīn
toothpick	牙签	yá qiān

53. Restaurant

restaurant	饭馆	fàn guǎn
coffee house	咖啡馆	kāfēi guǎn
pub, bar	酒吧	jiǔ bā
tearoom	茶馆	chá guǎn

waiter	服务员	fú wù yuán
waitress	女服务员	nǚ fú wù yuán
bartender	酒保	jiǔ bǎo

menu	菜单	cài dān
wine list	酒单	jiǔ dān
to book a table	订桌子	dìng zhuō zi
course, dish	菜	cài

| to order (meal) | 订菜 | dìng cài |
| to make an order | 订菜 | dìng cài |

aperitif	开胃酒	kāi wèi jiǔ
appetizer	开胃菜	kāi wèi cài
dessert	甜点心	tián diǎn xīn

check	账单	zhàng dān
to pay the check	付账	fù zhàng
to give change	找零钱	zhǎo líng qián
tip	小费	xiǎo fèi

Family, relatives and friends

54. Personal information. Forms

name, first name	名字	míng zi
family name	姓	xìng
date of birth	出生日期	chū shēng rì qī
place of birth	出生地	chū shēng dì
nationality	国籍	guó jí
place of residence	住所地	zhù suǒ dì
country	国家	guó jiā
profession (occupation)	职业	zhí yè
gender, sex	性，性别	xìng, xìngbié
height	身高	shēn gāo
weight	重量	zhòng liàng

55. Family members. Relatives

mother	母亲	mǔ qīn
father	父亲	fù qīn
son	儿子	ér zi
daughter	女儿	nǚ ér
younger daughter	最小的女儿	zuìxiǎode nǚ ér
younger son	最小的儿子	zuìxiǎode ér zi
eldest daughter	最大的女儿	zuìdàde nǚér
eldest son	最大的儿子	zuìdàde ér zi
elder brother	哥哥	gēge
younger brother	弟弟	dìdi
elder sister	姐姐	jiějie
younger sister	妹妹	mèi mei
cousin (masc.)	堂兄弟，表兄弟	tángxiōngdì, biǎoxiōngdì
cousin (fem.)	堂姊妹，表姊妹	tángzǐmèi, biǎozǐmèi.
mom	妈妈	mā ma
dad, daddy	爸爸	bàba
parents	父母	fù mǔ
child	孩子	hái zi
children	孩子们	hái zi men
grandmother	姥姥	lǎo lao
grandfather	爷爷	yé ye

grandson	孙子	sūn zi
granddaughter	孙女	sūn nǚ
grandchildren	孙子们	sūn zi men
uncle	姑爹	gū diē
aunt	姑妈	gū mā
nephew	侄子	zhí zi
niece	侄女	zhí nǚ
mother-in-law (wife's mother)	岳母	yuè mǔ
father-in-law (husband's father)	公公	gōng gong
son-in-law (daughter's husband)	女婿	nǚ xu
stepmother	继母	jì mǔ
stepfather	继父	jì fù
infant	婴儿	yīng ér
baby (infant)	婴儿	yīng ér
little boy, kid	小孩	xiǎo hái
wife	妻子	qī zi
husband	老公	lǎo gōng
spouse (husband)	配偶	pèi ǒu
spouse (wife)	配偶	pèi ǒu
married (masc.)	结婚的	jié hūn de
married (fem.)	结婚的	jié hūn de
single (unmarried)	独身的	dú shēn de
bachelor	单身汉	dān shēn hàn
divorced (masc.)	离婚的	lí hūn de
widow	寡妇	guǎ fu
widower	鳏夫	guān fū
relative	亲戚	qīn qi
close relative	近亲	jìn qīn
distant relative	远亲	yuǎn qīn
relatives	亲属	qīn shǔ
orphan (boy or girl)	孤儿	gū ér
guardian (of minor)	监护人	jiān hù rén
to adopt (a boy)	收养	shōu yǎng
to adopt (a girl)	收养	shōu yǎng

56. Friends. Coworkers

friend (masc.)	朋友	péngyou
friend (fem.)	女性朋友	nǚxìng péngyou
friendship	友谊	yǒu yì

to be friends	交朋友	jiāo péngyou
buddy (masc.)	朋友	péngyou
buddy (fem.)	朋友	péngyou
partner	搭档	dā dàng
chief (boss)	老板	lǎo bǎn
owner, proprietor	物主	wù zhǔ
subordinate	下属	xià shǔ
colleague	同事	tóng shì
acquaintance (person)	熟人	shú rén
fellow traveler	旅伴	lǚ bàn
classmate	同学	tóng xué
neighbor (masc.)	邻居	lín jū
neighbor (fem.)	邻居	lín jū
neighbors	邻居们	lín jū men

57. Man. Woman

woman	女人	nǚ rén
girl (young woman)	姑娘	gū niang
bride	新娘	xīn niáng
beautiful (adj)	漂亮的	piào liang de
tall (adj)	高的	gāo de
slender (adj)	苗条	miáo tiáo
short (adj)	矮的	ǎi de
blonde (n)	金发女郎	jīnfà nǚláng
brunette (n)	黑发女人	hēifà nǔrén
ladies' (adj)	女式	nǚ shì
virgin (girl)	处女	chǔ nǚ
pregnant (adj)	怀孕的	huái yùn de
man (adult male)	男人	nán rén
blond (n)	金发男子	jīnfà nánzǐ
brunet (n)	黑发男人	hēifà nánrén
tall (adj)	高的	gāo de
short (adj)	矮的	ǎi de
rude (rough)	粗鲁的	cū lǔ de
stocky (adj)	结实的	jiē shi de
robust (adj)	强健的	qiáng jiàn de
strong (adj)	强壮的	qiáng zhuàng de
strength	力气	lìqi
stout, fat (adj)	肥胖的	féi pàng de
swarthy (adj)	黝黑的	yǒu hēi de

| well-built (adj) | 身强力壮的 | shēn qiáng lì zhuàng de |
| elegant (adj) | 雅致的 | yǎ zhì de |

58. Age

age	年龄	nián líng
youth (young age)	青年时期	qīng nián shí qī
young (adj)	年轻的	nián qīng de

| younger (adj) | ··· 比 ··· 小 | ... bǐ ... xiǎo |
| older (adj) | ··· 比 ··· 大 | ... bǐ ... dà |

young man	年轻男士	nián qīng nán shì
teenager	少年	shào nián
guy, fellow	小伙子	xiǎo huǒ zi

| old man | 老先生 | lǎo xiān sheng |
| old woman | 老妇人 | lǎo fù rén |

adult	成年的	chéng nián de
middle-aged (adj)	中年的	zhōng nián de
elderly (adj)	年长的	nián zhǎng de
old (adj)	老的	lǎo de

retirement	退休	tuì xiū
to retire (from job)	退休	tuì xiū
retiree	退休人员	tuì xiū rén yuán

59. Children

child	孩子	hái zi
children	孩子们	hái zi men
twins	孪生儿	luán shēng ér

cradle	摇篮	yáo lán
rattle	摇铃	yáo líng
diaper	尿布	niào bù

pacifier	安抚奶嘴	ān fǔ nǎi zuǐ
baby carriage	婴儿车	yīng ér chē
kindergarten	幼儿园	yòu ér yuán
babysitter	保姆	bǎo mǔ

childhood	童年	tóng nián
doll	娃娃	wá wa
toy	玩具	wán jù
construction set	建筑玩具	jiàn zhù wán jù
well-bred (adj)	有教养的	yǒu jiào yǎng de

| ill-bred (adj) | 教养差的 | jiào yǎng chà de |
| spoiled (adj) | 宠坏的 | chǒng huài de |

to be naughty	淘气	táoqì
mischievous (adj)	淘气的	táoqì de
mischievousness	淘气	táoqì
mischievous child	淘气的男孩	táoqì de nán hái

| obedient (adj) | 听话的 | tīnghuà de |
| disobedient (adj) | 不听话的 | bù tīnghuà de |

docile (adj)	温顺的	wēn shùn de
clever (smart)	聪明的	cōng ming de
child prodigy	天才儿童	tiān cái ér tóng

60. Married couples. Family life

to kiss (vt)	吻	wěn
to kiss (vi)	相吻	xiāng wěn
family (n)	家庭	jiā tíng
family (as adj)	家庭的	jiā tíng de
couple	夫妻	fūqī
marriage (state)	婚姻	hūn yīn
hearth (home)	家庭	jiā tíng
dynasty	王朝	wáng cháo

| date | 约会 | yuē huì |
| kiss | 吻 | wěn |

love (for sb)	爱情	ài qíng
to love (sb)	爱	ài
beloved	爱人	ài rén

tenderness	温柔	wēn róu
tender (affectionate)	温柔的	wēn róu de
faithfulness	忠贞	zhōng zhēn
faithful (adj)	忠贞的	zhōng zhēn de
care (attention)	关心	guān xīn
caring (~ father)	关心的	guān xīn de

newlyweds	新婚夫妇	xīn hūn fū fù
honeymoon	蜜月	mì yuè
to get married (ab. woman)	结婚	jié hūn
to get married (ab. man)	结婚	jié hūn

wedding	婚礼	hūn lǐ
golden wedding anniversary	金婚纪念	jīn hūn jì niàn
	周年	zhōu nián
lover (masc.)	情人	qíng rén

mistress	情妇	qíng fù
adultery	通奸	tōng jiān
to cheat on ... (commit adultery)	通奸	tōng jiān
jealous (adj)	吃醋的	chī cù de
to be jealous	吃醋	chī cù
divorce	离婚	lí hūn
to divorce (vi)	离婚	lí hūn
to quarrel (vi)	吵架	chǎo jià
to be reconciled	和解	hé jiě
together (adv)	一起	yī qǐ
sex	性爱	xìng ài
happiness	幸福	xìng fú
happy (adj)	幸福的	xìng fú de
misfortune (accident)	不幸	bù xìng
unhappy (adj)	不幸福的	bù xìng fú de

Character. Feelings. Emotions

61. Feelings. Emotions

feeling (emotion)	感情	gǎn qíng
feelings	感情	gǎn qíng
to feel (vt)	感觉	gǎn jué
hunger	饿	è
to be hungry	饿	è
thirst	渴，口渴	kě, kǒukě
to be thirsty	渴	kě
sleepiness	睡意	shuì yì
to feel sleepy	感到困倦	gǎn dào kùn juàn
tiredness	疲劳	pí láo
tired (adj)	疲劳的	pí láo de
to get tired	疲倦	pí juàn
mood (humor)	心情	xīn qíng
boredom	厌烦	yàn fán
to be bored	过无聊的生活	guòwúliáode shēnghuó
seclusion	隐居	yǐn jū
to seclude oneself	隐居	yǐn jū
to worry (make anxious)	使 … 发愁	shǐ … fā chóu
to be worried	担心	dān xīn
worrying (n)	忧虑	yōu lǜ
anxiety	焦虑	jiāo lǜ
preoccupied (adj)	忧虑的	yōu lǜ de
to be nervous	紧张	jǐn zhāng
to panic (vi)	惊慌	jīng huāng
hope	希望	xī wàng
to hope (vi, vt)	希望	xī wàng
certainty	确定	què dìng
certain, sure (adj)	确定的	què dìng de
uncertainty	不确定	bù què dìng
uncertain (adj)	不确定的	bù què dìng de
drunk (adj)	喝醉的	hē zuì de
sober (adj)	清醒的	qīng xǐng de
weak (adj)	体弱	tǐ ruò
happy (adj)	幸运的	xìng yùn de
to scare (vt)	吓唬	xià hu

| fury (madness) | 暴怒 | bào nù |
| rage (fury) | 狂怒 | kuáng nù |

depression	沮丧	jǔ sàng
discomfort	不方便	bù fāng biàn
comfort	安逸	ān yì
to regret (be sorry)	后悔	hòu huǐ
regret	遗憾	yí hàn
bad luck	倒霉	dǎo méi
sadness	悲哀	bēi āi

shame (remorse)	惭愧	cán kuì
gladness	欢乐	huān lè
enthusiasm, zeal	热情	rè qíng
enthusiast	热衷者	rè zhōng zhě
to show enthusiasm	表现出热情	biǎoxiàn chū rèqíng

62. Character. Personality

character	品行	pǐn xíng
character flaw	缺点	quē diǎn
mind	头脑	tóunǎo
reason	智力	zhì lì

conscience	良心	liáng xīn
habit (custom)	习惯	xí guàn
ability	能力	néng lì
can (e.g., ~ swim)	能，会	néng, huì

patient (adj)	有耐心的	yǒu nài xīn de
impatient (adj)	不耐烦的	bù nài fán de
curious (inquisitive)	好奇的	hào qí de
curiosity	好奇心	hào qí xīn

modesty	谦虚	qiān xū
modest (adj)	谦虚的	qiān xū de
immodest (adj)	不谦虚的	bù qiān xū de

laziness	懒惰	lǎn duò
lazy (adj)	懒惰的	lǎn duò de
lazy person (masc.)	懒人	lǎn rén

cunning (n)	狡猾	jiǎo huá
cunning (as adj)	狡猾的	jiǎo huá de
distrust	不信任	bù xìn rèn
distrustful (adj)	不信任的	bù xìn rèn de

generosity	慷慨	kāng kǎi
generous (adj)	慷慨的	kāng kǎi de
talented (adj)	有才能的	yǒu cái néng de

talent	才能	cái néng
courageous (adj)	勇敢的	yǒng gǎn de
courage	勇敢	yǒng gǎn
honest (adj)	诚实的	chéng shí de
honesty	诚实	chéng shí
careful (cautious)	小心的	xiǎo xīn de
brave (courageous)	无畏的	wú wèi de
serious (adj)	认真的	rèn zhēn de
strict (severe, stern)	严格的	yán gé de
decisive (adj)	坚决的	jiān jué de
indecisive (adj)	优柔寡断的	yōu róu guǎ duàn de
shy, timid (adj)	羞怯的	xiū qiè de
shyness, timidity	羞怯	xiū qiè
confidence (trust)	信任	xìn rèn
to believe (trust)	信任	xìn rèn
trusting (naïve)	轻信的	qīng xìn de
sincerely (adv)	真诚地	zhēn chéng de
sincere (adj)	真诚的	zhēn chéng de
sincerity	真诚	zhēn chéng
open (person)	开朗的	kāi lǎng de
calm (adj)	安静的	ān jìng de
frank (sincere)	坦白的	tǎn bái de
naïve (adj)	天真的	tiān zhēn de
absent-minded (adj)	心不在焉的	xīn bú zài yān de
funny (odd)	可笑的	kě xiào de
greed	贪婪	tān lán
greedy (adj)	贪婪的	tān lán de
stingy (adj)	小气的	xiǎoqide
evil (adj)	凶恶的	xiōng è de
stubborn (adj)	固执的	gù zhí de
unpleasant (adj)	讨厌的	tǎo yàn de
selfish person (masc.)	自私的人	zì sī de rén
selfish (adj)	自私的	zì sī de
coward	懦夫	nuò fū
cowardly (adj)	怯懦地	qiè nuò de

63. Sleep. Dreams

to sleep (vi)	睡觉	shuì jiào
sleep, sleeping	睡眠	shuì mián
dream	梦	mèng
to dream (in sleep)	做梦	zuò mèng
sleepy (adj)	瞌睡的	kē shuì de

bed	床	chuáng
mattress	床垫	chuáng diàn
blanket (comforter)	羽绒被	yǔ róng bèi
pillow	枕头	zhěn tou
sheet	床单	chuáng dān

insomnia	失眠	shī mián
sleepless (adj)	失眠的	shī mián de
sleeping pill	安眠药	ān mián yào
to take a sleeping pill	服安眠药	fú ān mián yào

to feel sleepy	感到困倦	gǎn dào kùn juàn
to yawn (vi)	打哈欠	dǎ hā qian
to go to bed	去睡觉	qù shuì jiào
to make up the bed	铺床	pū chuáng
to fall asleep	睡着	shuì zháo

nightmare	噩梦	è mèng
snoring	鼾声	hān shēng
to snore (vi)	打鼾	dǎ hān

alarm clock	闹钟	nào zhōng
to wake (vt)	叫醒	jiào xǐng
to wake up	醒来	xǐng lái
to get up (vi)	起床	qǐ chuáng
to wash up (vi)	洗脸	xǐ liǎn

64. Humour. Laughter. Gladness

humor (wit, fun)	幽默	yōu mò
sense of humor	幽默感	yōu mò gǎn
to have fun	乐趣	lè qù
cheerful (adj)	欢乐的	huān lè de
merriment, fun	欢乐	huān lè

smile	笑容	xiào róng
to smile (vi)	微笑	wēi xiào
to start laughing	开始大笑	kāi shǐ dà xiào
to laugh (vi)	笑	xiào
laugh, laughter	笑	xiào

anecdote	趣闻	qù wén
funny (anecdote, etc.)	好笑的	hǎo xiào de
funny (odd)	可笑的	kě xiào de

to joke (vi)	开玩笑	kāi wán xiào
joke (verbal)	笑话	xiào huà
joy (emotion)	欢欣	huān xīn
to rejoice (vi)	高兴	gāo xìng
glad, cheerful (adj)	高兴的	gāo xìng de

65. Discussion, conversation. Part 1

communication	交往	jiāo wǎng
to communicate	沟通	gōu tōng
conversation	谈话	tán huà
dialog	对话	duì huà
discussion (discourse)	讨论	tǎo lùn
debate	争论	zhēng lùn
to debate (vi)	争论	zhēng lùn
interlocutor	对话者	duì huà zhě
topic (theme)	话题	huà tí
point of view	观点	guān diǎn
opinion (viewpoint)	见解	jiàn jiě
speech (talk)	发言	fā yán
discussion (of report, etc.)	谈论	tán lùn
to discuss (vt)	讨论	tǎo lùn
talk (conversation)	谈话	tán huà
to talk (vi)	谈话	tán huà
meeting	会	huì
to meet (vi, vt)	见面	jiàn miàn
proverb	谚语	yàn yǔ
saying	俗语	sú yǔ
riddle (poser)	谜语	mí yǔ
to ask a riddle	给 … 出谜语	gěi … chū mí yǔ
password	口令	kǒu lìng
secret	秘密	mì mì
oath (vow)	誓言	shì yán
to swear (an oath)	发誓	fā shì
promise	诺言	nuò yán
to promise (vt)	承诺	chéng nuò
advice (counsel)	建议	jià nyì
to advise (vt)	建议	jià nyì
to listen to … (obey)	听话	tīng huà
news	新闻	xīn wén
sensation (news)	轰动	hōng dòng
information (data)	消息	xiāo xi
conclusion (decision)	结论	jié lùn
voice	声音	shēng yīn
compliment	恭维	gōng wei
kind (nice)	慈祥的	cí xiáng de
word	字, 单词	zì, dāncí
phrase	短语	duǎn yǔ
answer	答案	dá àn

| truth | 实话 | shí huà |
| lie | 谎言 | huǎng yán |

| thought | 念头 | niàn tou |
| fantasy | 虚构 | xū gòu |

66. Discussion, conversation. Part 2

respected (adj)	尊敬的	zūn jìng de
to respect (vt)	尊敬	zūn jìng
respect	尊敬	zūn jìng
Dear ... (letter)	亲爱的	qīn ài de

to make acquaintance	相识	xiāng shí
intention	意向	yì xiàng
to intend (have in mind)	打算	dǎ suàn
wish	祝愿	zhù yuàn
to wish (~ good luck)	祝	zhù

surprise (astonishment)	惊讶	jīng yà
to surprise (amaze)	使惊讶	shǐ jīng yà
to be surprised	吃惊	chī jīng

to give (vt)	给	gěi
to take (get hold of)	拿	ná
to give back	归还	guī huán
to return (give back)	归还	guī huán

to apologize (vi)	道歉	dào qiàn
apology	道歉	dào qiàn
to forgive (vt)	原谅	yuán liàng

to talk (speak)	谈话	tán huà
to listen (vi)	听	tīng
to hear out	听完	tīng wán
to understand (vt)	明白	míng bai

to show (display)	展示	zhǎn shì
to look at ...	看	kàn
to call (with one's voice)	叫	jiào
to disturb (vt)	打扰	dǎ rǎo
to pass (to hand sth)	递	dì

demand (request)	请求	qǐng qiú
to request (ask)	求	qiú
demand (firm request)	要求	yāo qiú
to demand (request firmly)	要求	yāo qiú

| to tease (nickname) | 戏弄 | xì nòng |
| to mock (make fun of) | 嘲笑 | cháo xiào |

| mockery, derision | 笑柄 | xiào bǐng |
| nickname | 绰号 | chuò hào |

allusion	暗示	àn shì
to allude (vi)	暗示	àn shì
to imply (vt)	意思	yì si

description	描述	miáo shù
to describe (vt)	描写	miáo xiě
praise (compliments)	称赞	chēng zàn
to praise (vt)	称赞	chēng zàn

disappointment	失望	shī wàng
to disappoint (vt)	使失望	shī shī wàng
to be disappointed	失望	shī wàng

supposition	假设	jiǎ shè
to suppose (assume)	假设	jiǎ shè
warning (caution)	警告	jǐng gào
to warn (vt)	警告	jǐng gào

67. Discussion, conversation. Part 3

| to talk into (convince) | 说服 | shuō fú |
| to calm down (vt) | 使 ··· 放心 | shǐ ... fàngxīn |

silence (~ is golden)	沉默	chén mò
to keep silent	沉默	chén mò
to whisper (vi, vt)	耳语	ěr yǔ
whisper	耳语	ěr yǔ

| frankly, sincerely (adv) | 坦白地讲 | tǎn bái de jiǎng |
| in my opinion ... | 在我看来 | zài wǒ kànlai |

detail (of the story)	细节	xì jié
detailed (adj)	详细的	xiáng xì de
in detail (adv)	详细地	xiáng xì de
hint, clue	提示，暗示	tíshì, ànshì
to give a hint	暗示	àn shì

look (glance)	表情	biǎo qíng
to have a look	看一看	kàn yī kàn
fixed (look)	呆滞的眼光	dāizhìde yǎnguāng
to blink (vi)	眨	zhǎ
to wink (vi)	眨眼	zhǎ yǎn
to nod (in assent)	点头	diǎn tóu

sigh	叹息	tàn xī
to sigh (vi)	叹气	tàn qì
to shudder (vi)	战栗	zhàn lì

gesture	手势	shǒu shì
to touch (one's arm, etc.)	摸	mō
to seize (by the arm)	抓住	zhuā zhù
to tap (on the shoulder)	轻拍	qīng pāi

Look out!	小心!	xiǎo xīn!
Really?	真的?	zhēn de?
Good luck!	祝你好运!	zhù nǐ hǎo yùn!
I see!	明白了!	míng bai le!
It's a pity!	可惜!	kě xī!

68. Agreement. Refusal

consent (agreement)	同意	tóng yì
to agree (say yes)	同意	tóng yì
approval	批准	pī zhǔn
to approve (vt)	批准	pī zhǔn
refusal	拒绝	jù jué
to refuse (vi, vt)	拒绝	jù jué

Great!	太好了	tài hǎo le
All right!	好吧!	hǎo ba!
Okay! (I agree)	同意!	tóng yì!

forbidden (adj)	被禁止的	bèi jìn zhǐ de
it's forbidden	不许	bù xǔ
it's impossible	它是不可能的	tā shì bù kě néng de
incorrect (adj)	错的	cuò de
to reject (~ a demand)	拒绝	jù jué
to support (cause, idea)	支持	zhī chí
to accept (~ an apology)	接受	jiē shòu

to confirm (vt)	证明	zhèng míng
confirmation	证明	zhèng míng
permission	允许	yǔn xǔ
to permit (vt)	允许	yǔn xǔ
decision	决定	jué dìng
to say nothing	不作声	bù zuò shēng

condition (term)	条件	tiáo jiàn
excuse (pretext)	借口	jiè kǒu
praise (compliments)	称赞	chēng zàn
to praise (vt)	称赞	chēng zàn

69. Success. Good luck. Failure

| success | 成功 | chéng gōng |
| successfully (adv) | 成功地 | chéng gōng de |

successful (adj)	成功的	chéng gōng de
good luck	幸运	xìng yùn
Good luck!	祝你好运！	zhù nǐ hǎo yùn!
lucky (e.g., ~ day)	幸运的	xìng yùn de
lucky (fortunate)	成功的	chéng gōng de
failure	失败	shī bài
misfortune	失败	shī bài
bad luck	倒霉	dǎo méi
unsuccessful (adj)	不成功的	bù chéng gōng de
catastrophe	大灾难	dà zāi nàn
pride	自尊心	zì zūn xīn
proud (adj)	自豪的	zì háo de
to be proud	自豪	zì háo
winner	胜利者	shèng lì zhě
to win (vi)	赢，获胜	yíng, huò shèng
to lose (not win)	输掉	shū diào
try	尝试	cháng shì
to try (vi)	试图	shì tú
chance (opportunity)	良机	liáng jī

70. Quarrels. Negative emotions

shout (scream)	喊声	hǎn shēng
to shout (vi)	叫喊	jiào hǎn
to start to cry out	喊叫起来	hǎn jiào qǐ lai
quarrel	吵架	chǎo jià
to quarrel (vi)	吵架	chǎo jià
fight (scandal)	争吵	zhēng chǎo
to have a fight	争吵	zhēng chǎo
conflict	冲突	chōng tū
misunderstanding	误解，曲解	wù jiě, qū jiě
insult	侮辱	wǔ rǔ
to insult (vt)	侮辱	wǔ rǔ
insulted (adj)	受辱的	shòu rǔ de
resentment	冒犯	mào fàn
to offend (vt)	得罪	dé zui
to take offense	生气	shēng qì
indignation	愤慨	fèn kǎi
to be indignant	气愤	qì fèn
complaint	抱怨	bào yuàn
to complain (vi, vt)	抱怨	bào yuàn
apology	道歉	dào qiàn
to apologize (vi)	道歉	dào qiàn

to beg pardon	请原谅	qǐng yuán liàng
criticism	批评	pī píng
to criticize (vt)	批评	pī píng
accusation	指责	zhǐ zé
to accuse (vt)	指责	zhǐ zé

revenge	报仇	bào chóu
to revenge (vt)	报 … 之仇	bào … zhī chóu
to pay back	报复	bào fù

disdain	轻视	qīng shì
to despise (vt)	看不起	kàn bu qǐ
hatred, hate	憎恨	zēng hèn
to hate (vt)	憎恨	zēng hèn

nervous (adj)	紧张的	jǐn zhāng de
to be nervous	紧张	jǐn zhāng
angry (mad)	生气的	shēng qì de
to make angry	使 … 生气	shǐ … shēng qì

| to humiliate (vt) | 损害尊严 | sǔnhài zūnyán |
| to humiliate oneself | 损害自己的尊严 | sǔnhài zìjǐ de zūnyán |

| shock | 震惊 | zhèn jīng |
| to shock (vt) | 使震惊 | shǐ zhèn jīng |

fear (dread)	恐惧	kǒng jù
terrible (storm, heat)	糟糕的	zāo gāo de
scary (e.g., ~ story)	可怕的	kě pà de
horror	恐怖	kǒng bù
awful (crime, news)	恐怖的	kǒng bù de

to cry (weep)	哭	kū
to start crying	开始哭	kāi shǐ kū
tear	眼泪	yǎn lèi

fault	过错	guò cuò
guilt (feeling)	负罪感	fù zuì gǎn
dishonor (disgrace)	羞辱	xiū rǔ
protest	抗议	kàng yì
stress	压力	yā lì

to disturb (vt)	打扰	dǎ rǎo
to be furious	生气	shēng qì
mad, angry (adj)	生气的	shēng qì de
to end (~ a relationship)	终止	zhōng zhǐ
to swear (at sb)	吵架	chǎo jià

to be scared	害怕	hài pà
to hit (strike with hand)	打，击	dǎ, jī
to fight (vi)	打架	dǎ jià
to settle (a conflict)	解决	jiě jué

| discontented (adj) | 不满意的 | bù mǎn yì de |
| furious (adj) | 暴怒的 | bào nù de |

| It's not good! | 这样不好! | zhèyàng bùhǎo! |
| It's bad! | 这样不好! | zhèyàng bùhǎo! |

Medicine

71. Diseases

sickness	病	bìng
to be sick	生病	shēng bìng
health	健康	jiàn kāng
runny nose (coryza)	流鼻涕	liú bí tì
angina	扁桃体炎	biǎn táo tǐ yán
cold (illness)	感冒	gǎn mào
to catch a cold	感冒	gǎn mào
bronchitis	支气管炎	zhī qì guǎn yán
pneumonia	肺炎	fèi yán
flu, influenza	流感	liú gǎn
near-sighted (adj)	近视的	jìn shì de
far-sighted (adj)	远视的	yuǎn shì de
strabismus (crossed eyes)	斜眼	xié yǎn
cross-eyed (adj)	对眼的	duì yǎn de
cataract	白内障	bái nèi zhàng
glaucoma	青光眼	qīng guāng gyǎn
stroke	中风	zhòng fēng
heart attack	梗塞	gěng sè
myocardial infarction	心肌梗塞	xīn jī gěng sè
paralysis	麻痹	má bì
to paralyze (vt)	使 … 麻痹	shǐ … má bì
allergy	过敏	guò mǐn
asthma	哮喘	xiāo chuǎn
diabetes	糖尿病	táng niào bìng
toothache	牙痛	yá tòng
caries	龋齿	qǔ chǐ
diarrhea	腹泻	fù xiè
constipation	便秘	biàn bì
stomach upset	饮食失调	yǐn shí shī tiáo
food poisoning	食物中毒	shí wù zhòng dú
to have a food poisoning	中毒	zhòng dú
arthritis	关节炎	guān jié yán
rickets	佝偻病	kòu lóu bìng
rheumatism	风湿	fēng shī

atherosclerosis	动脉粥样硬化	dòng mài zhōu yàng yìng huà
gastritis	胃炎	wèi yán
appendicitis	阑尾炎	lán wěi yán
cholecystitis	胆囊炎	dǎn nán gyán
ulcer	溃疡	kuì yáng
measles	麻疹	má zhěn
German measles	风疹	fēng zhěn
jaundice	黄疸	huáng dǎn
hepatitis	肝炎	gān yán
schizophrenia	精神分裂 症	jīngshen fēnliè zhèng
rabies (hydrophobia)	狂犬病	kuáng quǎn bìng
neurosis	神经症	shén jīng zhèng
concussion	脑震荡	nǎo zhèn dàng
cancer	癌症	ái zhèng
sclerosis	硬化	yìng huà
multiple sclerosis	多发性硬化症	duō fā xìng yìng huà zhèng
alcoholism	酗酒	xù jiǔ
alcoholic (n)	酗酒者	xù jiǔ zhě
syphilis	梅毒	méi dú
AIDS	艾滋病	ài zī bìng
tumor	肿瘤	zhǒng liú
fever	发烧	fā shāo
malaria	疟疾	nuè ji
gangrene	坏疽	huài jū
seasickness	晕船	yùn chuán
epilepsy	癫痫	diān xián
epidemic	流行病	liú xíng bìng
typhus	斑疹伤寒	bān zhěn shāng hán
tuberculosis	结核病	jié hé bìng
cholera	霍乱	huò luàn
plague (bubonic ~)	瘟疫	wēn yì

72. Symptoms. Treatments. Part 1

symptom	症状	zhèng zhuàng
temperature	体温	tǐ wēn
high temperature	发热	fā rè
pulse	脉搏	mài bó
giddiness	眩晕	xuàn yùn
hot (adj)	热	rè
shivering	颤抖	chàn dǒu

pale (e.g., ~ face)	苍白的	cāng bái de
cough	咳嗽	ké sou
to cough (vi)	咳，咳嗽	ké, ké sou
to sneeze (vi)	打喷嚏	dǎ pēn tì
faint	晕倒	yūn dǎo
to faint (vi)	晕倒	yūn dǎo

bruise (hématome)	青伤痕	qīng shāng hén
bump (lump)	包	bāo
to bruise oneself	擦伤	cā shāng
bruise (contusion)	擦伤	cā shāng
to get bruised	瘀伤	yū shāng

to limp (vi)	跛行	bǒ xíng
dislocation	脱位	tuō wèi
to dislocate (vt)	使 … 脱位	shǐ … tuō wèi
fracture	骨折	gǔ zhé
to have a fracture	弄骨折	nòng gǔzhé

cut (e.g., paper ~)	伤口	shāng kǒu
to cut oneself	割破	gē pò
bleeding	流血	liú xuè

| burn (injury) | 烧伤 | shāo shāng |
| to scald oneself | 烧伤 | shāo shāng |

to prick (vt)	扎破	zhā pò
to prick oneself	扎伤	zhā shāng
to injure (vt)	损伤	sǔn shāng
injury	损伤	sǔn shāng
wound	伤口	shāng kǒu
trauma	外伤	wài shāng

to be delirious	说胡话	shuō hú huà
to stutter (vi)	口吃	kǒu chī
sunstroke	中暑	zhòng shǔ

73. Symptoms. Treatments. Part 2

| pain | 痛 | tòng |
| splinter (in foot, etc.) | 木刺 | mù cì |

sweat (perspiration)	汗	hàn
to sweat (perspire)	出汗	chū hàn
vomiting	呕吐	ǒu tù
convulsions	抽搐	chōu chù

pregnant (adj)	怀孕的	huái yùn de
to be born	出生	chū shēng
delivery, labor	生产，分娩	shēngchǎn, fēnmiǎn

| to deliver (~ a baby) | 生，分娩 | shēng, fēnmiǎn |
| abortion | 人工流产 | rén gōng liú chǎn |

breathing, respiration	呼吸	hū xī
inhalation	吸	xī
exhalation	呼气	hū qì
to exhale (vi)	呼出	hū chū
to inhale (vi)	吸入	xī rù

disabled person	残疾人	cán jí rén
cripple	残疾人	cán jí rén
drug addict	吸毒者	xī dú zhě

deaf (adj)	聋的	lóng de
dumb, mute	哑的	yǎ de
deaf-and-dumb (adj)	聋哑的	lóng yǎ de

mad, insane (adj)	精神失常的	jīngshen shī cháng de
madman	疯子	fēng zi
madwoman	疯子	fēng zi
to go insane	发疯	fā fēng

gene	基因	jī yīn
immunity	免疫力	miǎn yì lì
hereditary (adj)	遗传的	yí chuán de
congenital (adj)	天生的	tiān shēng de

virus	病毒	bìng dú
microbe	微生物	wēi shēng wù
bacterium	细菌	xì jūn
infection	传染	chuán rǎn

74. Symptoms. Treatments. Part 3

| hospital | 医院 | yī yuàn |
| patient | 病人 | bìng rén |

diagnosis	诊断	zhěn duàn
cure	治疗	zhì liáo
medical treatment	治疗	zhì liáo
to get treatment	治病	zhì bìng
to treat (vt)	治疗	zhì liáo
to nurse (look after)	看护	kān hù
care (nursing ~)	护理	hùlǐ

operation, surgery	手术	shǒu shù
to bandage (head, limb)	用绷带包扎	yòng bēngdài bāozā
bandaging	绷带法	bēngdài fǎ
vaccination	疫苗	yìmiáo
to vaccinate (vt)	给 … 接种疫苗	gěi … jiē zhòng yì miáo

| injection, shot | 注射 | zhù shè |
| to give an injection | 打针 | dǎ zhēn |

attack	发作	fāzuò
amputation	截肢	jié zhī
to amputate (vt)	截肢	jié zhī
coma	昏迷	hūn mí
to be in a coma	昏迷	hūn mí
intensive care	重症监护室	zhòng zhēng jiàn hù shì

to recover (~ from flu)	复原	fù yuán
state (patient's ~)	状态	zhuàng tài
consciousness	知觉	zhī jué
memory (faculty)	记忆力	jì yì lì

to extract (tooth)	拔牙	bá yá
filling	补牙	bǔ yá
to fill (a tooth)	补牙	bǔ yá

| hypnosis | 催眠 | cuī mián |
| to hypnotize (vt) | 催眠 | cuī mián |

75. Doctors

doctor	医生	yīshēng
nurse	护士	hù shi
private physician	私人医生	sī rén yīshēng

dentist	牙科医生	yá kē yīshēng
ophthalmologist	眼科医生	yǎn kē yīshēng
internist	内科医生	nèi kē yīshēng
surgeon	外科医生	wài kē yīshēng

psychiatrist	精神病医生	jīng shén bìng yīshēng
pediatrician	儿科医生	ér kē yīshēng
psychologist	心理学家	xīn lǐ xué jiā
gynecologist	妇科医生	fù kē yīshēng
cardiologist	心脏病专家	xīn zàng bìng zhuān jiā

76. Medicine. Drugs. Accessories

medicine, drug	药	yào
remedy	药剂	yào jì
to prescribe (vt)	开药方	kāi yào fāng
prescription	药方	yào fāng

| tablet, pill | 药片 | yào piàn |
| ointment | 药膏 | yào gāo |

ampule	安瓿	ān bù
mixture	药水	yào shuǐ
syrup	糖浆	táng jiāng
pill	药丸	yào wán
powder	药粉	yào fěn

bandage	绷带	bēngdài
cotton wool	药棉	yào mián
iodine	碘酒	diǎn jiǔ

Band-Aid	橡皮膏	xiàng pí gāo
eyedropper	滴管	dī guǎn
thermometer	体温表	tǐ wēn biǎo
syringe	注射器	zhù shè qì

| wheelchair | 轮椅 | lú nyǐ |
| crutches | 拐杖 | guǎi zhàng |

painkiller	止痛药	zhǐ tòng yào
laxative	泻药	xiè yào
spirit (ethanol)	酒精	jiǔ jīng
medicinal herbs	药草	yào cǎo
herbal (~ tea)	草药的	cǎo yào de

77. Smoking. Tobacco products

tobacco	烟叶	yān yè
cigarette	香烟	xiāng yān
cigar	雪茄烟	xuě jiā yān
pipe	烟斗	yān dǒu
pack (of cigarettes)	包，盒	bāo, hé

matches	火柴	huǒ chái
matchbox	火柴盒	huǒ chái hé
lighter	打火机	dǎ huǒ jī
ashtray	烟灰缸	yān huī gāng
cigarette case	烟盒	yān hé

| cigarette holder | 香烟烟嘴 | xiāng yān yān zuǐ |
| filter (cigarette tip) | 滤嘴 | lǜ zuǐ |

| to smoke (vi, vt) | 抽烟 | chōu yān |
| to light a cigarette | 点根烟 | diǎn gēn yān |

| smoking | 吸烟 | xī yān |
| smoker | 吸烟者 | xī yān zhě |

stub, butt (of cigarette)	烟头	yān tóu
smoke, fumes	烟	yān
ash	烟灰	yān huī

HUMAN HABITAT

City

78. City. Life in the city

city, town	城市	chéng shì
capital city	首都	shǒu dū
village	村庄	cūn zhuāng
city map	城市地图	chéng shì dìtú
downtown	城市中心	chéng shì zhōngxīn
suburb	郊区	jiāo qū
suburban (adj)	郊区的	jiāo qū de
outskirts	郊区	jiāo qū
environs (suburbs)	周围地区	zhōuwéi dì qū
city block	街区	jiē qū
residential block	住宅区	zhù zhái qū
traffic	交通	jiāo tōng
traffic lights	红绿灯	hóng lǜ dēng
public transportation	公共交通	gōng gòng jiāo tōng
intersection	十字路口	shí zì lù kǒu
crosswalk	人行横道	rén xíng héng dào
pedestrian underpass	人行地道	rén xíng dìdào
to cross (vt)	穿马路	chuān mǎ lù
pedestrian	行人	xíng rén
sidewalk	人行道	rén xíng dào
bridge	桥	qiáo
bank (riverbank)	堤岸	dī àn
fountain	喷泉	pēn quán
allée	小巷	xiǎo xiàng
park	公园	gōng yuán
boulevard	林荫大道	lín yìn dàdào
square	广场	guǎng chǎng
avenue (wide street)	大街	dàjiē
street	路	lù
side street	胡同	hú tòng
dead end	死胡同	sǐ hú tòng
house	房子	fáng zi
building	楼房，大厦	lóufáng, dàshà

skyscraper	摩天大楼	mó tiān dà lóu
facade	正面	zhèng miàn
roof	房顶	fáng dǐng
window	窗户	chuāng hu
arch	拱门	gǒng mén
column	柱	zhù
corner	拐角	guǎi jiǎo
store window	商店橱窗	shāng diàn chú chuāng
store sign	招牌	zhāo pái
poster	海报	hǎi bào
advertising poster	广告画	guǎnggào huà
billboard	广告牌	guǎnggào pái
garbage, trash	垃圾	lā jī
garbage can	垃圾桶	lā jī tǒng
to litter (vi)	乱扔	luàn rēng
garbage dump	垃圾堆	lājī duī
phone booth	电话亭	diàn huà tíng
lamppost	路灯	lù dēng
bench (park ~)	长椅	chángyǐ
police officer	警察	jǐng chá
police	警察	jǐng chá
beggar	乞丐	qǐgài

79. Urban institutions

store	商店	shāng diàn
drugstore, pharmacy	药房	yào fáng
optical store	眼镜店	yǎn jìng diàn
shopping mall	百货商店	bǎihuò shāngdiàn
supermarket	超市	chāo shì
bakery	面包店	miànbāo diàn
baker	面包师	miànbāo shī
candy store	糖果店	tángguǒ diàn
butcher shop	肉铺	ròu pù
produce store	水果店	shuǐ guǒ diàn
market	市场	shì chǎng
coffee house	咖啡馆	kāfēi guǎn
restaurant	饭馆	fàn guǎn
pub	酒吧	jiǔ bā
pizzeria	比萨饼店	bǐ sà bǐng diàn
hair salon	理发店	lǐ fà diàn
post office	邮局	yóu jú

dry cleaners	干洗店	gān xǐ diàn
photo studio	照相馆	zhào xiàng guǎn
shoe store	鞋店	xié diàn
bookstore	书店	shū diàn
sporting goods store	体育用品店	tǐ yù yòng pǐn diàn
clothes repair	修衣服店	xiū yī fu diàn
formal wear rental	服装出租	fú zhuāng chū zū
movie rental store	DVD出租店	diwidi chūzūdiàn
circus	马戏团	mǎ xì tuán
zoo	动物园	dòng wù yuán
movie theater	电影院	diànyǐng yuàn
museum	博物馆	bó wù guǎn
library	图书馆	tú shū guǎn
theater	剧院	jù yuàn
opera	歌剧院	gē jù yuàn
nightclub	夜总会	yè zǒng huì
casino	赌场	dǔ chǎng
mosque	清真寺	qīng zhēn sì
synagogue	犹太教堂	yóu tài jiào táng
cathedral	大教堂	dà jiào táng
temple	庙宇, 教堂	miào yǔ, jiào táng
church	教堂	jiào táng
college	学院	xué yuàn
university	大学	dà xué
school	学校	xué xiào
city hall	市政厅	shì zhèng tīng
hotel	酒店	jiǔ diàn
bank	银行	yín háng
embassy	大使馆	dà shǐ guǎn
travel agency	旅行社	lǚ xíng shè
information office	问询处	wèn xún chù
money exchange	货币兑换处	huòbì duì huàn chù
subway	地铁	dì tiě
hospital	医院	yī yuàn
gas station	加油站	jiā yóu zhàn
parking lot	停车场	tíng chē cháng

80. Signs

store sign	招牌	zhāo pái
notice (written text)	题词	tí cí

poster	宣传画	xuān chuán huà
direction sign	指路标志	zhǐ lù biāo zhì
arrow (sign)	箭头	jiàn tóu

caution	警告	jǐng gào
warning sign	警告	jǐng gào
to warn (vt)	警告	jǐng gào

day off	休假日	xiū jià rì
timetable (schedule)	时刻表	shí kè biǎo
opening hours	营业时间	yíng yè shí jiān

WELCOME!	欢迎光临	huān yíng guāng lín
ENTRANCE	入口	rù kǒu
EXIT	出口	chū kǒu

PUSH	推	tuī
PULL	拉	lā
OPEN	开门	kāi mén
CLOSED	关门	guān mén

| WOMEN | 女 | nǚ |
| MEN | 男 | nán |

| DISCOUNTS | 折扣 | zhé kòu |
| SALE | 甩卖 | shuǎi mài |

| NEW! | 新产品 | xīn chǎn pǐn |
| FREE | 免费 | miǎn fèi |

ATTENTION!	请注意	qǐng zhù yì
NO VACANCIES	客满	kè mǎn
RESERVED	预订	yù dìng

| ADMINISTRATION | 管理部门 | guǎn lǐ bù mén |
| STAFF ONLY | 闲人莫入 | xián rén mò rù |

BEWARE OF THE DOG!	当心狗!	dāng xīn gǒu!
NO SMOKING	禁止吸烟	jìnzhǐ xīyān
DO NOT TOUCH!	禁止触摸	jìn zhǐ chù mō

DANGEROUS	危险	wēi xiǎn
DANGER	危险	wēi xiǎn
HIGH TENSION	高压危险	gāo yā wēi xiǎn

| NO SWIMMING! | 禁止游泳 | jìnzhǐ yóuyǒng |
| OUT OF ORDER | 故障中 | gù zhàng zhōng |

FLAMMABLE	易燃物质	yì rán wù zhì
FORBIDDEN	禁止	jìn zhǐ
NO TRESPASSING!	禁止通行	jìnzhǐ tōng xíng
WET PAINT	油漆未干	yóu qī wèi gān

81. Urban transportation

bus	公共汽车	gōnggòng qìchē
streetcar	电车	diànchē
trolley	无轨电车	wúguǐ diànchē
route (of bus)	路线	lù xiàn
number (e.g., bus ~)	号	hào
to go by ...	··· 去	... qù
to get on (~ the bus)	上车	shàng chē
to get off ...	下车	xià chē
stop (e.g., bus ~)	车站	chē zhàn
next stop	下一站	xià yī zhàn
terminus	终点站	zhōng diǎn zhàn
schedule	时刻表	shí kè biǎo
to wait (vt)	等	děng
ticket	票	piào
fare	票价	piào jià
cashier (ticket seller)	出纳	chū nà
ticket inspection	查验车票	chá yàn chē piào
conductor	售票员	shòu piào yuán
to be late (for ...)	误点	wù diǎn
to miss (~ the train, etc.)	未赶上	wèi gǎn shàng
to be in a hurry	急忙	jí máng
taxi, cab	出租车	chūzūchē
taxi driver	出租车司机	chūzūchē sī jī
by taxi	乘出租车	chéng chūzūchē
taxi stand	出租车站	chūzūchē zhàn
to call a taxi	叫计程车	jiào jì chéng chē
to take a taxi	乘出租车	chéng chūzūchē
traffic	交通	jiāo tōng
traffic jam	堵车	dǔ chē
rush hour	高峰 时间	gāo fēng shí jiān
to park (vi)	停放	tíng fàng
to park (vt)	停放	tíng fàng
parking lot	停车场	tíng chē cháng
subway	地铁	dì tiě
station	站	zhàn
to take the subway	坐地铁	zuò dì tiě
train	火车	huǒ chē
train station	火车站	huǒ chē zhàn

82. Sightseeing

monument	纪念像	jì niàn xiàng
fortress	堡垒	bǎo lěi
palace	宫殿	gōng diàn
castle	城堡	chéng bǎo
tower	塔	tǎ
mausoleum	陵墓	líng mù

architecture	建筑	jiàn zhù
medieval (adj)	中世纪的	zhōng shì jì de
ancient (adj)	古老的	gǔ lǎo de
national (adj)	国家，国民	guó jiā, guó mín
well-known (adj)	有名的	yǒu míng de

tourist	旅行者	lǚ xíng zhě
guide (person)	导游	dǎo yóu
excursion, guided tour	游览	yóu lǎn
to show (vt)	把 … 给 … 看	bǎ … gěi … kàn
to tell (vt)	讲	jiǎng

to find (vt)	找到	zhǎo dào
to get lost (lose one's way)	迷路	mí lù
map (e.g., subway ~)	地图	dì tú
map (e.g., city ~)	地图	dì tú

souvenir, gift	纪念品	jì niàn pǐn
gift shop	礼品店	lǐ pǐn diàn
to take pictures	拍照	pāi zhào
to be photographed	拍照	pāi zhào

83. Shopping

to buy (purchase)	买，购买	mǎi, gòu mǎi
purchase	购买	gòu mǎi
to go shopping	去买东西	qù mǎi dōng xi
shopping	购物	gòu wù

| to be open (ab. store) | 营业 | yíng yè |
| to be closed | 关门 | guān mén |

footwear	鞋类	xié lèi
clothes, clothing	服装	fú zhuāng
cosmetics	化妆品	huà zhuāng pǐn
food products	食品	shí pǐn
gift, present	礼物	lǐ wù

| salesman | 售货员 | shòu huò yuán |
| saleswoman | 女售货员 | nǚ shòuhuò yuán |

check out, cash desk	收银台	shōu yín tái
mirror	镜子	jìng zi
counter (in shop)	柜台	guì tái
fitting room	试衣间	shì yī jiān

to try on	试穿	shì chuān
to fit (ab. dress, etc.)	合适	hé shì
to like (I like ...)	喜欢	xǐ huan

price	价格	jià gé
price tag	价格标签	jià gé biāo qiān
to cost (vt)	价钱为	jià qian wèi
How much?	多少钱?	duōshao qián?
discount	折扣	zhé kòu

inexpensive (adj)	不贵的	bù guì de
cheap (adj)	便宜的	pián yi de
expensive (adj)	贵的	guì de
It's expensive	这个太贵	zhège tàiguì

rental (n)	出租	chū zū
to rent (~ a tuxedo)	租用	zū yòng
credit	赊购	shē gòu
on credit (adv)	赊欠	shē qiàn

84. Money

money	钱，货币	qián, huòbì
currency exchange	兑换	duì huàn
exchange rate	汇率	huì lǜ
ATM	自动取款机	zì dòng qǔ kuǎn jī
coin	硬币	yìngbì

| dollar | 美元 | měi yuán |
| euro | 欧元 | ōu yuán |

lira	里拉	lǐ lā
Deutschmark	德国马克	dé guó mǎ kè
franc	法郎	fǎ láng
pound sterling	英镑	yīng bàng
yen	日元	rì yuán

debt	债务	zhài wù
debtor	债务人	zhài wù rén
to lend (money)	借给	jiè gěi
to borrow (vi, vt)	借	jiè

bank	银行	yín háng
account	账户	zhànghù
to deposit into the account	存款	cún kuǎn

to withdraw (vt)	提取	tí qǔ
credit card	信用卡	xìn yòng kǎ
cash	现金	xiàn jīn
check	支票	zhī piào
to write a check	开支票	kāi zhī piào
checkbook	支票本	zhīpiào běn
wallet	钱包	qián bāo
change purse	零钱包	líng qián bāo
billfold	钱夹	qián jiā
safe	保险柜	bǎo xiǎn guì
heir	继承人	jì chéng rén
inheritance	遗产	yí chǎn
fortune (wealth)	财产，财富	cáichǎn, cáifù
lease, rent	租赁	zū lìn
rent money	租金	zū jīn
to rent (sth from sb)	租房	zū fáng
price	价格	jià gé
cost	价钱	jià qian
sum	金额	jīn é
to spend (vt)	花	huā
expenses	花费	huā fèi
to economize (vi, vt)	节省	jié shěng
economical	节约的	jié yuē de
to pay (vi, vt)	付，支付	fù, zhī fù
payment	酬金	chóu jīn
change (give the ~)	零钱	líng qián
tax	税，税款	shuì, shuì kuǎn
fine	罚款	fá kuǎn
to fine (vt)	罚款	fá kuǎn

85. Post. Postal service

post office	邮局	yóu jú
mail (letters, etc.)	邮件	yóu jiàn
mailman	邮递员	yóu dì yuán
opening hours	营业时间	yíng yè shí jiān
letter	信，信函	xìn, xìn hán
registered letter	挂号信	guà hào xìn
postcard	明信片	míng xìn piàn
telegram	电报	diàn bào
parcel	包裹，邮包	bāo guǒ, yóu bāo
money transfer	汇款资讯	huì kuǎn zī xùn

to receive (vt)	收到	shōu dào
to send (vt)	寄	jì
sending	发信	fā xìn

address	地址	dì zhǐ
ZIP code	邮编	yóu biān
sender	发信人	fā xìn rén
receiver, addressee	收信人	shōu xìn rén

| name | 名字 | míng zi |
| family name | 姓 | xìng |

rate (of postage)	费率	fèi lǜ
standard (adj)	普通	pǔ tōng
economical (adj)	经济的	jīng jì de

weight	重量	zhòng liàng
to weigh up (vt)	称重	chēng zhòng
envelope	信封	xìn fēng
postage stamp	邮票	yóu piào

Dwelling. House. Home

86. House. Dwelling

house	房屋	fáng wū
at home (adv)	在家	zài jiā
courtyard	院子	yuàn zi
fence	围栏	wéi lán
brick (n)	砖	zhuān
brick (as adj)	砖的	zhuān de
stone (n)	石头，石料	shí tou, shí liào
stone (as adj)	石制的	shí zhì de
concrete (n)	混凝土	hùn níng tǔ
concrete (as adj)	混凝土的	hùn níng tǔ de
new (new-built)	新的	xīn de
old (adj)	旧的	jiù de
decrepit (house)	破旧的	pò jiù de
modern (adj)	当代的	dāng dài de
multistory (adj)	多层的	duō céng de
high (adj)	高的	gāo de
floor, story	层；楼层	céng, lóu céng
single-story (adj)	单层	dān céng
ground floor	底层	dǐ céng
top floor	顶楼	dǐng lóu
roof	房顶	fáng dǐng
chimney (stack)	烟囱	yān cōng
roof tiles	瓦	wǎ
tiled (adj)	瓦的	wǎde
loft (attic)	阁楼，顶楼	gé lóu, dǐng lóu
window	窗户	chuāng hu
glass	玻璃	bō li
window ledge	窗台	chuāng tái
shutters	护窗板	hù chuāng bǎn
wall	墙	qiáng
balcony	阳台	yáng tái
downspout	排水管	pái shuǐ guǎn
upstairs (to be ~)	在楼上	zài lóu shàng
to go upstairs	上楼去	shàng lóu qù
to come down	下来	xià lai
to move (to new premises)	搬家	bān jiā

87. House. Entrance. Lift

entrance	门口	mén kǒu
stairs (stairway)	楼梯	lóu tī
steps	阶梯	jiē tī
banisters	栏杆	lán gān
lobby (hotel ~)	大厅	dà tīng

mailbox	邮箱	yóu xiāng
trash container	垃圾桶	lā jī tǒng
trash chute	垃圾道	lā jī dào

elevator	电梯	diàn tī
freight elevator	货物电梯	huòwù diàntī
elevator cage	电梯厢	diàn tī xiāng
to take the elevator	乘电梯	chéng diàntī

apartment	公寓	gōng yù
residents, inhabitants	承租人	chéng zū rén
neighbor (masc.)	邻居	lín jū
neighbor (fem.)	邻居	lín jū
neighbors	邻居们	lín jū men

88. House. Electricity

electricity	电	diàn
light bulb	灯泡	dēng pào
switch	开关	kāi guān
fuse	保险丝	bǎo xiǎn sī

cable, wire (electric ~)	电线	diàn xiàn
wiring	电气配线	diàn qì pèi xiàn
electricity meter	电表	diàn biǎo
readings	读数	dú shù

89. House. Doors. Locks

door	门	mén
vehicle gate	大门	dà mén
handle, doorknob	门把	mén bà
to unlock (unbolt)	开锁	kāi suǒ
to open (vt)	开	kāi
to close (vt)	关	guān

key	钥匙	yào shi
bunch (of keys)	一串	yī chuàn
to creak (door hinge)	嘎吱作响	gá zī zuò xiǎng

creak	嘎吱作响	gá zī zuò xiǎng
hinge (of door)	合页	hé yè
doormat	门口地垫	mén kǒu de diàn

door lock	门锁	mén suǒ
keyhole	锁孔	suǒ kǒng
bolt (sliding bar)	门闩	mén shuān
door latch	小闩	xiǎo shuān
padlock	挂锁	guà suǒ

to ring (~ the door bell)	按门铃	àn mén líng
ringing (sound)	铃声	líng shēng
doorbell	门铃	mén líng
doorbell button	按钮	àn niǔ
knock (at the door)	敲门声	qiāo mén shēng
to knock (vi)	敲 门	qiāo mén

code	密码	mì mǎ
code lock	密码锁	mì mǎ suǒ
door phone	门口对讲机	mén kǒu duì jiǎng jī
number (on the door)	号	hào
doorplate	门牌	mén pái
peephole	门镜	mén jìng

90. Country house

village	村庄	cūn zhuāng
vegetable garden	菜圃	cài pǔ
fence	栅栏	zhà lan

| picket fence | 栅栏 | zhà lan |
| wicket gate | 小门 | xiǎo mén |

| granary | 粮仓 | liáng cāng |
| cellar | 地窖 | dì jiào |

| shed (in garden) | 棚子 | péng zi |
| well (water) | 水井 | shuǐ jǐng |

| stove (wood-fired ~) | 火炉 | huǒ lú |
| to stoke the stove | 生炉子 | shēng lú zi |

| firewood | 木柴 | mù chái |
| log (firewood) | 柴火 | chái huǒ |

| veranda, stoop | 凉台 | liáng tái |
| terrace (patio) | 露台 | lù tái |

| front steps | 门台阶 | mén tái jiē |
| swing (hanging seat) | 秋千 | qiū qiān |

91. Villa. Mansion

country house	乡间别墅	xiāng jiān bié shù
villa (by sea)	别墅	bié shù
wing (of building)	侧屋	cè wū
garden	花园	huā yuán
park	公园	gōng yuán
tropical greenhouse	温室	wēn shì
to look after (garden, etc.)	照料	zhào liào
swimming pool	游泳池	yóu yǒng chí
gym	健身室	jiàn shēn shì
tennis court	网球场	wǎng qiú chǎng
home theater room	家庭影院	jiātíng yǐngyuàn
garage	车库	chē kù
private property	私有 财产	sī yǒu cái chǎn
private land	私人土地	sī rén tǔ dì
warning (caution)	警告	jǐng gào
warning sign	警告牌子	jǐng gào pái zi
security	安保	ān bǎo
security guard	安保员	ān bǎo yuán
burglar alarm	防盗报警器	fáng dào bào jǐng qì

92. Castle. Palace

castle	城堡	chéng bǎo
palace	宫殿	gōng diàn
fortress	堡垒	bǎo lěi
wall (round castle)	城墙	chéng qiáng
tower	塔	tǎ
keep, donjon	城楼	chéng lóu
portcullis	吊闸	diào zhá
underground passage	地下通道	dìxia tōng dào
moat	护城河	hù chéng hé
chain	链	liàn
arrow loop	箭头狭缝	jiàn tóu xiá fèng
magnificent (adj)	宏伟的	hóng wěi de
majestic (adj)	雄伟的	xióng wěi de
impregnable (adj)	固若金汤的	gù ruò jīn tāng de
medieval (adj)	中世纪的	zhōng shì jì de

93. Apartment

apartment	公寓	gōng yù
room	房间	fáng jiān
bedroom	卧室	wòshì
dining room	餐厅	cān tīng
living room	客厅	kè tīng
study (home office)	书房	shū fáng
entry room	入口空间	rù kǒu kōng jiān
bathroom	浴室	yù shì
half bath	卫生间	wèi shēng jiān
ceiling	天花板	tiān huā bǎn
floor	地板	dì bǎn
corner	墙角	qiáng jiǎo

94. Apartment. Cleaning

to clean (vi, vt)	打扫	dǎ sǎo
to put away (to stow)	收好	shōu hǎo
dust	灰尘	huī chén
dusty (adj)	灰尘多的	huī chén duō de
to dust (vt)	打扫灰尘	dǎsǎo huī chén
vacuum cleaner	吸尘器	xī chén qì
to vacuum (vt)	用吸尘器打扫	yòng xīchénqì dǎ sǎo
to sweep (vi, vt)	打扫	dǎ sǎo
sweepings	垃圾	lā jī
order	整齐	zhěng qí
disorder, mess	混乱	hùn luàn
mop	拖把	tuō bǎ
dust cloth	拭尘布	shì chén bù
broom	扫帚	sào zhǒu
dustpan	簸箕	bò ji

95. Furniture. Interior

furniture	家具	jiā jù
table	桌子	zhuō zi
chair	椅子	yǐ zi
bed	床	chuáng
couch, sofa	沙发	shā fā
armchair	扶手椅	fú shǒu yǐ
bookcase	书橱	shū chú
shelf	书架	shū jià

set of shelves	橱架	chú jià
wardrobe	衣柜	yī guì
coat rack	墙衣帽架	qiáng yī mào jià
coat stand	衣帽架	yī mào jià
dresser	五斗柜	wǔ dǒu guì
coffee table	茶几	chá jī
mirror	镜子	jìng zi
carpet	地毯	dìtǎn
rug, small carpet	小地毯	xiǎo dìtǎn
fireplace	壁炉	bì lú
candle	蜡烛	là zhú
candlestick	烛台	zhútái
drapes	窗帘	chuāng lián
wallpaper	墙纸	qiáng zhǐ
blinds (jalousie)	百叶窗	bǎi yè chuāng
table lamp	台灯	tái dēng
wall lamp (sconce)	灯	dēng
floor lamp	落地灯	luò dì dēng
chandelier	枝形吊灯	zhī xíng diào dēng
leg (of chair, table)	腿	tuǐ
armrest	扶手	fú shou
back (backrest)	靠背	kào bèi
drawer	抽屉	chōu tì

96. Bedding

bedclothes	铺盖	pū gài
pillow	枕头	zhěn tou
pillowcase	枕套	zhěn tào
blanket (comforter)	羽绒被	yǔ róng bèi
sheet	床单	chuáng dān
bedspread	床罩	chuáng zhào

97. Kitchen

kitchen	厨房	chú fáng
gas	煤气	méi qì
gas cooker	煤气炉	méi qì lú
electric cooker	电炉	diàn lú
oven	烤箱	kǎo xiāng
microwave oven	微波炉	wēi bō lú
refrigerator	冰箱	bīng xiāng

| freezer | 冷冻室 | lěng dòng shì |
| dishwasher | 洗碗机 | xǐ wǎn jī |

meat grinder	绞肉机	jiǎo ròu jī
juicer	榨汁机	zhà zhī jī
toaster	烤面包机	kǎo miàn bāo jī
mixer	搅拌机	jiǎo bàn jī

coffee maker	咖啡机	kāfēi jī
coffee pot	咖啡壶	kāfēi hú
coffee grinder	咖啡研磨器	kāfēi yánmóqì

kettle	开水壶	kāi shuǐ hú
teapot	茶壶	chá hú
lid	盖子	gài zi
tea strainer	滤茶器	lǜ chá qì

spoon	匙子	chá zi
teaspoon	茶匙	chá chí
tablespoon	汤匙	tāng chí
fork	叉，餐叉	chā, cān chā
knife	刀，刀子	dāo, dāo zi
tableware (dishes)	餐具	cān jù
plate (dinner ~)	盘子	pán zi
saucer	碟子	dié zi

shot glass	小酒杯	xiǎo jiǔ bēi
glass (~ of water)	杯子	bēi zi
cup	杯子	bēi zi

sugar bowl	糖碗	táng wǎn
salt shaker	盐瓶	yán píng
pepper shaker	胡椒瓶	hú jiāo píng
butter dish	黄油碟	huáng yóu dié

saucepan	炖锅	dùn guō
frying pan	煎锅	jiān guō
ladle	长柄勺	cháng bǐng sháo
colander	漏勺	lòu sháo
tray	托盘	tuō pán

bottle	瓶子	píng zi
jar (glass)	玻璃罐	bōli guàn
can	罐头	guàn tou

bottle opener	瓶起子	píng qǐ zi
can opener	开罐器	kāi guàn qì
corkscrew	螺旋 拔塞器	luóxuán básāiqì
filter	滤器	lǜ qì
to filter (vt)	过滤	guò lǜ
trash	垃圾	lā jī
trash can	垃圾桶	lā jī tǒng

98. Bathroom

bathroom	浴室	yù shì
water	水	shuǐ
tap, faucet	水龙头	shuǐ lóng tóu
hot water	热水	rè shuǐ
cold water	冷水	lěng shuǐ
toothpaste	牙膏	yá gāo
to brush one's teeth	刷牙	shuā yá
to shave (vi)	剃须	tì xū
shaving foam	剃须泡沫	tì xū pào mò
razor	剃须刀	tì xū dāo
to wash (one's hands, etc.)	洗	xǐ
to take a bath	洗澡	xǐ zǎo
shower	淋浴	lín yù
to take a shower	洗淋浴	xǐ lín yù
bathtub	浴缸	yù gāng
toilet (toilet bowl)	抽水马桶	chōu shuǐ mǎ tǒng
sink (washbasin)	水槽	shuǐ cáo
soap	肥皂	féi zào
soap dish	肥皂盒	féi zào hé
sponge	清洁绵	qīng jié mián
shampoo	洗发液	xǐ fā yè
towel	毛巾, 浴巾	máo jīn, yù jīn
bathrobe	浴衣	yù yī
laundry (process)	洗衣	xǐ yī
washing machine	洗衣机	xǐ yī jī
to do the laundry	洗衣服	xǐ yī fu
laundry detergent	洗衣粉	xǐ yī fěn

99. Household appliances

TV set	电视机	diàn shì jī
tape recorder	录音机	lù yīn jī
video, VCR	录像机	lù xiàng jī
radio	收音机	shōu yīn jī
player (CD, MP3, etc.)	播放器	bō fàng qì
video projector	投影器	tóu yǐng qì
home movie theater	家庭影院系统	jiā tíng yǐng yuàn xì tǒng
DVD player	DVD 播放机	diwidi bōfàngjī
amplifier	放大器	fàng dà qì

video game console	电子游戏机	diànzǐ yóuxìjī
video camera	摄像机	shè xiàng jī
camera (photo)	照相机	zhào xiàng jī
digital camera	数码相机	shù mǎ xiàng jī

vacuum cleaner	吸尘器	xī chén qì
iron (e.g., steam ~)	熨斗	yùn dǒu
ironing board	熨衣板	yùn yī bǎn

telephone	电话	diàn huà
mobile phone	手机	shǒu jī
typewriter	打字机	dǎ zì jī
sewing machine	缝纫机	féng rèn jī

microphone	话筒	huà tǒng
headphones	耳机	ěr jī
remote control (TV)	遥控器	yáo kòng qì

CD, compact disc	光盘	guāng pán
cassette	磁带	cí dài
vinyl record	唱片	chàng piàn

100. Repairs. Renovation

renovations	修理	xiū lǐ
to renovate (vt)	翻修	fān xiū
to repair (vt)	修理	xiū lǐ
to put in order	整理	zhěng lǐ
to redo (do again)	重做	zhòng zuò

paint	油漆	yóu qī
to paint (~ a wall)	油漆	yóu qī
house painter	油漆工	yóu qī gōng
paintbrush	毛刷	máo shuā

| whitewash | 石灰水 | shí huī shuǐ |
| to whitewash (vt) | 用石灰水粉刷 | yòng shí huī shuǐ fěn shuā |

wallpaper	墙纸	qiáng zhǐ
to wallpaper (vt)	贴墙纸	tiē qiáng zhǐ
varnish	清漆	qīng qī
to varnish (vt)	涂清漆	tú qīng qī

101. Plumbing

water	水	shuǐ
hot water	热水	rè shuǐ
cold water	冷水	lěng shuǐ

tap, faucet	水龙头	shuǐ lóng tóu
drop (of water)	滴	dī
to drip (vi)	滴落	dī luò
to leak (ab. pipe)	漏	lòu
leak (pipe ~)	漏孔	lòu kǒng
puddle	水洼	shuǐ wā

pipe	水管	shuǐ guǎn
stop valve	阀门	fá mén
to be clogged up	堵塞	dǔ sè

adjustable wrench	可调扳手	kě diào bān shǒu
to unscrew, untwist (vt)	拧开	nǐng kāi
to screw (tighten)	拧紧	nǐng jǐn

to unclog (vt)	疏通堵塞	shū tōng dǔ sè
plumber	水管工	shuǐ guǎn gōng
basement	地下室	dì xià shì
sewerage (system)	排水系统	pái shuǐ xì tǒng

102. Fire. Conflagration

fire (to catch ~)	火	huǒ
flame	火焰	huǒ yàn
spark	火花	huǒ huā
smoke (from fire)	烟	yān
torch (flaming stick)	火把	huǒ bǎ
campfire	篝火	gōu huǒ

gas, gasoline	汽油	qì yóu
kerosene (for aircraft)	煤油	méi yóu
flammable (adj)	易燃的	yì rán de
explosive (adj)	易爆炸的	yì bào zhà de
NO SMOKING	禁止吸烟	jìnzhǐ xīyān

safety	安全	ān quán
danger	危险	wēi xiǎn
dangerous (adj)	危险的	wēi xiǎn de

to catch fire	着火	zháo huǒ
explosion	爆炸	bào zhà
to set fire	放火	fàng huǒ
incendiary (arsonist)	纵火犯	zòng huǒ fàn
arson	放火	fàng huǒ

to blaze (vi)	熊熊燃烧	xióng xióng rán shāo
to burn (be on fire)	燃烧	rán shāo
to burn down	焚毁	fén huǐ
fireman	消防队员	xiāofáng duìyuán
fire truck	救火车	jiù huǒ chē

fire department	消防队	xiāo fáng duì
fire hose	水龙带	shuǐ lóng dài
fire extinguisher	灭火器	miè huǒ qì
helmet	头盔	tóu kuī
siren	警报器	jǐng bào qì

to call out	叫喊	jiào hǎn
to call for help	呼救	hū jiù
rescuer	救援者	jiù yuán zhě
to rescue (vt)	营救	yíng jiù

to arrive (vi)	来	lái
to extinguish (vt)	扑灭	pū miè
water	水	shuǐ
sand	沙，沙子	shā, shā zi

ruins (destruction)	废墟	fèi xū
to collapse (building, etc.)	倒塌	dǎo tā
to fall down (vi)	倒塌	dǎo tā
to cave in (ceiling, floor)	坍塌	tān tā

| piece of wreckage | 大碎片 | dà suì piàn |
| ash | 烟灰 | yān huī |

| to suffocate (die) | 闷死 | mèn sǐ |
| to be killed (perish) | 惨死 | cǎn sǐ |

HUMAN ACTIVITIES

Job. Business. Part 1

103. Office. Working in the office

office (of firm)	办事处	bàn shì chù
office (of director, etc.)	办公室	bàn gōng shì
front desk	服务台	fú wù tái
secretary	秘书	mì shū
director	经理	jīng lǐ
manager	管理人	guǎn lǐ rén
accountant	会计员	kuài jì yuán
employee	雇员	gù yuán
furniture	家具	jiā jù
desk	办公桌	bàn gōng zhuō
desk chair	办公椅	bàn gōng yǐ
chest of drawers	小柜	xiǎo guì
coat stand	衣帽架	yī mào jià
computer	电脑	diàn nǎo
printer	打印机	dǎ yìn jī
fax machine	传真机	chuán zhēn jī
photocopier	复印机	fù yìn jī
paper	纸	zhǐ
office supplies	办公用具	bàn gōng yòng jù
mouse pad	鼠标垫	shǔ biāo diàn
sheet (of paper)	一张	yī zhāng
folder, binder	活页夹	huó yè jiā
catalog	目录	mù lù
phone book (directory)	电话簿	diàn huà bù
documentation	文件	wén jiàn
brochure (e.g., 12 pages ~)	小册子	xiǎo cè zi
leaflet	传单	chuán dān
sample	样品	yàng pǐn
training meeting	训练	xùn liàn
meeting (of managers)	会议	huì yì
lunch time	午饭时间	wǔ fàn shí jiān
to make a copy	复印	fù yìn

to make copies	复印 … 份	fù yìn … fèn
to receive a fax	接收传真	jiēshōu chuánzhēn
to send a fax	发传真	fā chuánzhēn

to call (by phone)	打电话	dǎ diàn huà
to answer (vt)	接电话	jiē diàn huà
to put through	接通	jiē tōng

to arrange, to set up	安排	ān pái
to demonstrate (vt)	展示	zhǎn shì
to be absent	缺席	quē xí
absence	缺席	quē xí

104. Business processes. Part 1

occupation	职业，工作	zhí yè, gōng zuò
firm	公司	gōng sī
company	公司	gōng sī
corporation	股份公司	gǔfèn gōng sī
enterprise	企业，机构	qǐ yè, jī gòu
agency	代理处	dài lǐ chù

agreement (contract)	协议	xié yì
contract	合同	hé tong
deal	协议	xié yì
order (to place an ~)	订购	dìng gòu
term (of contract)	条件	tiáo jiàn

wholesale (adv)	批发	pī fā
wholesale (adj)	批发的	pī fā de
wholesale (n)	批发	pī fā
retail (adj)	零售	líng shòu
retail (n)	零售	líng shòu

competitor	竞争者	jìng zhēng zhě
competition	竞争	jìng zhēng
to compete (vi)	竞争	jìng zhēng

| partner (associate) | 合伙人 | hé huǒ rén |
| partnership | 合伙 | hé huǒ |

crisis	危机	wēi jī
bankruptcy	破产	pò chǎn
to go bankrupt	破产	pò chǎn
difficulty	困难	kùn nan
problem	问题	wèn tí
catastrophe	大灾难	dà zāi nàn

| economy | 经济 | jīng jì |
| economic (~ growth) | 经济的 | jīng jì de |

economic recession	经济衰退	jīng jì shuāi tuì
goal (aim)	目标	mù biāo
task	目的	mù dì
to trade (vi)	做生意	zuò shēngyi
network (distribution ~)	网络	wǎng luò
inventory (stock)	库存	kù cún
assortment	品种	pǐn zhǒng
leader (leading company)	领袖	lǐng xiù
large (~ company)	大的	dà de
monopoly	垄断	lǒng duàn
theory	理论	lǐ lùn
practice	实践	shí jiàn
experience (in my ~)	经历	jīng lì
trend (tendency)	趋势	qū shì
development	发展	fā zhǎn

105. Business processes. Part 2

benefit, profit	利益	lì yì
profitable (adj)	盈利的	yíng lì de
delegation (group)	代表团	dài biǎo tuán
salary	薪水	xīn shuǐ
to correct (an error)	改正	gǎi zhèng
business trip	出差	chū chāi
commission	委员会	wěi yuán huì
to control (vt)	控制	kòng zhì
conference	会议	huì yì
license	许可	xǔ kě
reliable (~ partner)	可靠的	kě kào de
initiative (undertaking)	主动行动	zhǔ dòng xíng dòng
norm (standard)	标准	biāo zhǔn
circumstance	情况	qíng kuàng
duty (of employee)	职责	zhí zé
organization (company)	企业，机构	qǐ yè, jī gòu
organization (process)	组织	zǔ zhī
organized (adj)	有组织的	yǒu zǔ zhī de
cancellation	取消	qǔ xiāo
to cancel (call off)	取消	qǔ xiāo
report (official ~)	报告	bào gào
patent	专利权	zhuān lì quán
to patent (obtain patent)	得到 … 的专利权	dé dào … de zhuān lì quán

to plan (vt)	计划	jì huà
bonus (money)	奖金	jiǎng jīn
professional (adj)	专业的	zhuān yè de
procedure	手续	shǒu xù

to examine (contract, etc.)	严密检查	yán mì jiǎn chá
calculation	计算	jì suàn
reputation	名誉	míng yù
risk	冒险	mào xiǎn

to manage, to run	领导	lǐng dǎo
information	消息	xiāo xi
property	财产	cái chǎn
union	联盟	lián méng

life insurance	生命保险	shēngmìng bǎoxiǎn
to insure (vt)	投保	tóu bǎo
insurance	保险	bǎo xiǎn

auction (~ sale)	拍卖	pāi mài
to notify (inform)	通知	tōng zhī
management (process)	管理	guǎn lǐ
service (~ industry)	服务	fú wù

forum	讨论会	tǎo lùn huì
to function (vi)	工作	gōng zuò
stage (phase)	阶段	jiē duàn
legal (~ services)	法律的	fǎ lǜ de
lawyer (legal expert)	律师	lǜ shī

106. Production. Works

plant	工厂	gōng chǎng
factory	制造厂	zhì zào chǎng
workshop	车间	chē jiān
works, production site	生产现场	shēng chǎn xiàn chǎng

industry	工业	gōng yè
industrial (adj)	工业的	gōng yè de
heavy industry	重工业	zhòng gōng yè
light industry	轻工业	qīng gōng yè

products	产品	chǎn pǐn
to produce (vt)	生产	shēng chǎn
raw materials	原料	yuán liào

foreman	工头，领班	gōngtóu , lǐngbān
workers team	队，组	duì, zǔ
worker	工人	gōng rén
working day	工作日	gōng zuò rì

pause	休息	xiū xi
meeting	会议	huì yì
to discuss (vt)	讨论	tǎo lùn
plan	计划	jì huà
to fulfill the plan	完成计划	wánchéng jìhuà
rate of output	产量定额	chǎnliàng dìng é
quality	质量	zhìliàng
checking (control)	检查	jiǎn chá
quality control	质量检查	zhìliàng jiǎnchá
work safety	劳动安全	láodòng ānquán
discipline	纪律	jì lǜ
violation	违反	wéi fǎn
(of safety rules, etc.)		
to violate (rules)	违反	wéi fǎn
strike	罢工	bà gōng
striker	罢工者	bà gōng zhě
to be on strike	罢工	bà gōng
labor union	工会	gōng huì
to invent (machine, etc.)	发明	fā míng
invention	发明	fā míng
research	研究	yán jiū
to improve (make better)	改善	gǎi shàn
technology	工艺	gōng yì
technical drawing	工程图	gōng chéng tú
load, cargo	货物	huò wù
loader (person)	装货人	zhuāng huò rén
to load (vehicle, etc.)	装载	zhuāng zài
loading (process)	装货	zhuāng huò
to unload (vi, vt)	卸货	xiè huò
unloading	卸货	xiè huò
transportation	运输	yùn shū
transportation company	运输公司	yùn shū gōngsī
to transport (vt)	运送	yùn sòng
freight car	货运车厢	huò yùn chē xiāng
cistern	储水箱	chǔ shuǐ xiāng
truck	卡车	kǎ chē
machine tool	机床	jī chuáng
mechanism	机械	jī xiè
industrial waste	工业废物	gōng yè fèi wù
packing (process)	包装	bāo zhuāng
to pack (vt)	包装	bāo zhuāng

107. Contract. Agreement

contract	合同	hé tong
agreement	协议	xié yì
addendum	合同附件	hétong fù jiàn

to sign a contract	签订合同	qiāndìng hétong
signature	签名	qiān míng
to sign (vt)	签名	qiān míng
stamp (seal)	印章	yìn zhāng

subject of contract	合同主题	hétong zhǔtí
clause	条款	tiáo kuǎn
parties (in contract)	双方	shuāng fāng
legal address	法定地址	fǎ dìng dì zhǐ

to break the contract	违约	wéi yuē
commitment	义务	yì wù
responsibility	责任	zé rèn
force majeure	不可抗力	bù kě kàn glì
dispute	争论	zhēng lùn
penalties	罚款制裁	fákuǎn zhìcái

108. Import & Export

import	进口	jìn kǒu
importer	进口商	jìn kǒu shāng
to import (vt)	进口	jìn kǒu
import (e.g., ~ goods)	进口的	jìn kǒu de

| exporter | 出口商 | chū kǒu shāng |
| to export (vi, vt) | 出口 | chū kǒu |

goods	商品	shāng pǐn
consignment, lot	一批	yī pī
weight	重量	zhòng liàng
volume	体积	tǐ jī
cubic meter	立方米	lì fāng mǐ

manufacturer	生产商	shēng chǎn shāng
transportation company	运输公司	yùn shū gōngsī
container	集装箱	jí zhuāng xiāng

border	边界	biān jiè
customs	海关	hǎi guān
customs duty	关税	guān shuì
customs officer	海关人员	hǎi guān rényuán
smuggling	走私	zǒu sī
contraband (goods)	禁运品	jìn yùn pǐn

109. Finances

stock (share)	股票	gǔ piào
bond (certificate)	债券	zhài quàn
bill of exchange	汇票	huì piào
stock exchange	证券交易所	zhèng quàn jiāo yì suǒ
stock price	股票行市	gǔpiào hángshì
to go down	落价	luò jià
to go up	涨价	zhǎng jià
shareholding	股份	gǔ fèn
controlling interest	多数股权	duō shù gǔ quán
investment	投资	tóu zī
to invest (vt)	投资	tóu zī
percent	百分比	bǎi fēn bǐ
interest (on investment)	利息	lì xī
profit	利润	lì rùn
profitable (adj)	盈利的	yíng lì de
tax	税, 税款	shuì, shuì kuǎn
currency (foreign ~)	货币	huò bì
national (adj)	国家, 国民	guó jiā, guó mín
exchange (currency ~)	兑换	duì huàn
accountant	会计员	kuài jì yuán
accounting	会计部	kuài jì bù
bankruptcy	破产	pò chǎn
collapse, crash	倒闭	dǎo bì
ruin	破产	pò chǎn
to be ruined	破产	pò chǎn
inflation	通货膨胀	tōng huò péng zhàng
devaluation	货币贬值	huòbì biǎnzhí
capital	资本	zī běn
income	收益	shōu yì
turnover	营业额	yíng yè é
resources	资源	zī yuán
monetary resources	货币资金	huò bì zī jīn
to reduce (expenses)	减少	jiǎn shǎo

110. Marketing

marketing	营销	yíng xiāo
market	市场	shì chǎng

market segment	细分市场	xì fēn shì chǎng
product	产品	chǎn pǐn
goods	商品	shāng pǐn

trademark	商标	shāng biāo
logotype	标志	biāo zhì
logo	标志	biāo zhì

demand	需求	xū qiú
supply	供给	gōng jǐ
need	需要	xū yào
consumer	消费者	xiāo fèi zhě

analysis	分析	fēn xī
to analyze (vt)	分析	fēn xī
positioning	定位	dìng wèi
to position (vt)	定位	dìng wèi

price	价, 价钱	jià, jià qian
pricing policy	定价政策	dìng jià zhèng cè
formation of price	定价	dìng jià

111. Advertising

advertising	广告	guǎng gào
to advertise (vt)	为 … 做广告	wéi … zuò guǎnggào
budget	预算	yù suàn

ad, advertisement	广告	guǎng gào
TV advertising	电视广告	diànshì guǎnggào
radio advertising	广播广告	guǎngbō guǎnggào
outdoor advertising	室外广告	shìwài guǎnggào

mass media	大众媒体	dà zhòng méi tǐ
periodical (n)	期刊	qī kān
image (public appearance)	形象	xíng xiàng

| slogan | 口号 | kǒu hào |
| motto (maxim) | 座石铭 | zuò shí míng |

campaign	运动	yùn dòng
advertising campaign	广告运动	guǎng gào yùn dòng
target group	目标群	mù biāo qún

business card	名片	míng piàn
leaflet	传单	chuán dān
brochure (e.g., 12 pages ~)	小册子	xiǎo cè zi
pamphlet	小册子	xiǎo cè zi
newsletter	简报	jiǎn bào

store sign	招牌	zhāo pái
poster	招贴画	zhāo tiē huà
billboard	广告牌	guǎnggào pái

112. Banking

| bank | 银行 | yín háng |
| branch (of bank, etc.) | 分支机构 | fēn zhī jī gòu |

| bank clerk, consultant | 顾问 | gù wèn |
| manager (director) | 主管人 | zhǔ guǎn rén |

banking account	账户	zhànghù
account number	账号	zhàng hào
checking account	活期帐户	huó qī zhànghù
savings account	储蓄账户	chǔ xù zhànghù

| to open an account | 开立账户 | kāilì zhànghù |
| to close the account | 关闭 帐户 | guān bì zhànghù |

| to deposit into the account | 存入帐户 | cúnrù zhànghù |
| to withdraw (vt) | 提取 | tí qǔ |

| deposit | 存款 | cún kuǎn |
| to make a deposit | 存款 | cún kuǎn |

| wire transfer | 汇款 | huì kuǎn |
| to wire, to transfer | 汇款 | huì kuǎn |

| sum | 金额 | jīn é |
| How much? | 多少钱? | duōshao qián? |

| signature | 签名 | qiān míng |
| to sign (vt) | 签名 | qiān míng |

| credit card | 信用卡 | xìn yòng kǎ |
| code | 密码 | mì mǎ |

| credit card number | 信用卡号码 | xìn yòng kǎ hào mǎ |
| ATM | 自动取款机 | zì dòng qǔ kuǎn jī |

check	支票	zhī piào
to write a check	开支票	kāi zhī piào
checkbook	支票本	zhīpiào běn

loan (bank ~)	贷款	dàikuǎn
to apply for a loan	借款	jiè kuǎn
to get a loan	取得贷款	qǔ dé dàikuǎn
to give a loan	贷款给 ···	dàikuǎn gěi ...
guarantee	保证	bǎo zhèng

113. Telephone. Phone conversation

telephone	电话	diàn huà
mobile phone	手机	shǒu jī
answering machine	答录机	dā lù jī
to call (telephone)	打电话	dǎ diàn huà
phone call	电话	diàn huà
to dial a number	拨号码	bō hào mǎ
Hello!	喂!	wèi!
to ask (vt)	问	wèn
to answer (vi, vt)	接电话	jiē diàn huà
to hear (vt)	听见	tīng jiàn
well (adv)	好	hǎo
not well (adv)	不好	bù hǎo
noises (interference)	干扰声	gān rǎo shēng
receiver	听筒	tīng tǒng
to pick up (~ the phone)	接听	jiē tīng
to hang up (~ the phone)	挂断	guà duàn
busy (adj)	占线的	zhàn xiàn de
to ring (ab. phone)	响	xiǎng
telephone book	电话簿	diàn huà bù
local (adj)	本地的	běn dì de
long distance (~ call)	长途	cháng tú
international (adj)	国际的	guó jì de

114. Mobile telephone

mobile phone	手机	shǒu jī
display	显示器	xiǎn shì qì
button	按钮	àn niǔ
SIM card	SIM 卡	sim kǎ
battery	电池	diàn chí
to be dead (battery)	没电	méi diàn
charger	充电器	chōng diàn qì
menu	菜单	cài dān
settings	设置	shè zhì
tune (melody)	曲调	qǔ diào
to select (vt)	挑选	tiāo xuǎn
calculator	计算器	jì suàn qì
voice mail	答录机	dā lù jī

alarm clock	闹钟	nào zhōng
contacts	电话薄	diàn huà bù
SMS (text message)	短信	duǎn xìn
subscriber	用户	yòng hù

115. Stationery

ballpoint pen	圆珠笔	yuán zhū bǐ
fountain pen	钢笔	gāng bǐ
pencil	铅笔	qiān bǐ
highlighter	荧光笔	yíng guāng bǐ
felt-tip pen	水彩笔	shuǐ cǎi bǐ
notepad	记事簿	jì shì bù
agenda (diary)	日记本	rì jì běn
ruler	直尺	zhí chǐ
calculator	计算器	jì suàn qì
eraser	橡皮擦	xiàng pí cā
thumbtack	图钉	tú dīng
paper clip	回形针	huí xíng zhēn
glue	胶水	jiāo shuǐ
stapler	钉书机	dīng shū jī
hole punch	打孔机	dǎ kǒng jī
pencil sharpener	卷笔刀	juǎn bǐ dāo

116. Various kinds of documents

account (report)	报告	bào gào
agreement	协议	xié yì
application form	申请	shēn qǐng
authentic (adj)	真正的	zhēn zhèng de
badge (identity tag)	身份证	shēn fèn zhèng
business card	名片	míng piàn
certificate (~ of quality)	证明书	zhèng míng shū
check (e.g., draw a ~)	支票	zhī piào
check (in restaurant)	账单	zhàng dān
constitution	宪法	xiàn fǎ
contract	合同	hé tong
copy	复制品	fù zhì pǐn
copy (of contract, etc.)	件	jiàn
customs declaration	报关单	bào guān dān
document	文件	wén jiàn

driver's license	驾驶证	jià shǐ zhèng
addendum	附件	fù jiàn
form	表	biǎo

identity card, ID	身份证	shēn fèn zhèng
inquiry (request)	询问	xún wèn
invitation card	邀请	yāo qǐng
invoice	发票	fā piào

law	成文法	chéng wén fǎ
letter (mail)	信，信函	xìn, xìn hán
letterhead	信头	xìn tóu
list (of names, etc.)	名单	míng dān
manuscript	原稿	yuán gǎo
newsletter	简报	jiǎn bào
note (short message)	字条	zì tiáo

pass (for worker, visitor)	入门证	rù mén zhèng
passport	护照	hù zhào
permit	许可证	xǔ kě zhèng
résumé	简历	jiǎn lì
debt note, IOU	借据	jiè jù
receipt (for purchase)	发票	fā piào
sales slip, receipt	购物小票	gòu wù xiǎo piào
report	报告	bào gào

to show (ID, etc.)	出示	chū shì
to sign (vt)	签名	qiān míng
signature	签名	qiān míng
stamp (seal)	印章	yìn zhāng
text	文本	wén běn
ticket (for entry)	票	piào

| to cross out | 划掉 | huá diào |
| to fill out (~ a form) | 填报 | tián bào |

| waybill | 运货单 | yùn huò dān |
| will (testament) | 遗嘱 | yí zhǔ |

117. Kinds of business

accounting services	会计服务	kuài jì fú wù
advertising	广告	guǎng gào
advertising agency	广告公司	guǎnggào gōngsī
air-conditioners	空调	kōng tiáo
airline	航空公司	hángkōng gōngsī

alcoholic drinks	含酒精饮料	hánjiǔjīng yǐnliào
antiquities	古董	gǔ dǒng
art gallery	画廊，艺廊	huà láng, yì láng

audit services	审计服务	shěn jì fú wù
banks	商业银行	shāng yè yín háng
bar	酒吧	jiǔ bā
beauty parlor	美容院	měi róng yuàn
bookstore	书店	shū diàn
brewery	啤酒厂	pí jiǔ chǎng
business center	商业中心	shāngyè zhōngxīn
business school	商业学校	shāngyè xuéxiào
casino	赌场	dǔ chǎng
construction	建筑, 建造	jiàn zhù, jiàn zào
consulting	咨询业	zī xún yè
dental clinic	牙科医术	yá kē yī shù
design	设计	shè jì
drugstore, pharmacy	药房	yào fáng
dry cleaners	干洗店	gān xǐ diàn
employment agency	职业介绍所	zhí yè jiè shào suǒ
financial services	金融服务	jīn róng fú wù
food products	食品	shí pǐn
funeral home	殡仪馆	bìn yí guǎn
furniture (e.g., house ~)	家具	jiā jù
garment	服装	fú zhuāng
hotel	酒店	jiǔ diàn
ice-cream	冰淇淋	bīng qí lín
industry	工业	gōng yè
insurance	保险	bǎo xiǎn
Internet	因特网	yīn tè wǎng
investment	投资	tóu zī
jeweler	珠宝商	zhū bǎo shāng
jewelry	珠宝	zhū bǎo
laundry (shop)	洗衣店	xǐ yī diàn
legal advisor	法律顾问	fǎ lǜ gù wèn
light industry	轻工业	qīng gōng yè
magazine	杂志	zá zhì
mail-order selling	邮购销售	yóugòu xiāoshòu
medicine	医学	yī xué
movie theater	电影院	diànyǐng yuàn
museum	博物馆	bó wù guǎn
news agency	新闻社	xīn wén shè
newspaper	报纸	bào zhǐ
nightclub	夜总会	yè zǒng huì
oil (petroleum)	石油	shí yóu
parcels service	快递公司	kuài dì gōng sī
pharmaceuticals	药物工业	yào wù gōng yè
printing (industry)	印刷工业	yìn shuā gōng yè

publishing house	出版社	chū bǎn shè
radio (~ station)	广播	guǎng bō
real estate	房地产	fáng dì chǎn
restaurant	饭馆	fàn guǎn
security agency	安保公司	ān bǎo gōng sī
sports	运动	yùn dòng
stock exchange	证券交易所	zhèng quàn jiāo yì suǒ
store	商店	shāng diàn
supermarket	超市	chāo shì
swimming pool	游泳池	yóu yǒng chí
tailors	裁缝店	cái féng diàn
television	电视	diàn shì
theater	剧院	jù yuàn
trade	商业	shāng yè
transportation	运输	yùn shū
travel	旅游业	lǚ yóu yè
veterinarian	兽医	shòu yī
warehouse	仓库	cāng kù
waste collection	垃圾运输	lājī yùnshū

Job. Business. Part 2

118. Show. Exhibition

exhibition, show	贸易展览会	mào yì zhǎn lǎn huì
trade show	展览会	zhǎn lǎn huì
participation	参与	cān yù
to participate (vi)	参与	cān yù
participant (exhibitor)	参展者	cān zhǎn zhě
director	经理	jīng lǐ
organizer's office	组委会	zǔ wěi huì
organizer	组委会	zǔ wěi huì
to organize (vt)	组织	zǔ zhī
participation form	参展申请表	cān zhǎn shēn qǐng biǎo
to fill out (vt)	填报	tián bào
details	细节	xì jié
information	消息	xiāo xi
price	价格	jià gé
including	包括	bāo kuò
to include (vt)	包含	bāo hán
to pay (vi, vt)	付，支付	fù, zhī fù
registration fee	登记费	dēng jì fèi
entrance	入口	rù kǒu
pavilion, hall	展馆，展厅	zhǎn guǎn, zhǎn tīng
to register (vt)	登记	dēng jì
badge (identity tag)	身份证	shēn fèn zhèng
booth, stand	展览台	zhǎn lǎn tái
to reserve, to book	预订	yù dìng
display case	展示柜	zhǎn shì guì
spotlight	展台灯	zhǎn tái dēng
design	设计	shè jì
to place (put, set)	放置	fàng zhì
distributor	经销商	jīng xiāo shāng
supplier	供应商	gōng yìng shāng
country	国家	guó jiā
foreign (adj)	外国的	wài guó de
product	产品	chǎn pǐn

association	社团	shè tuán
conference hall	会议室	huì yì shì
congress	代表大会	dài biǎo dà huì
visitor	参观者	cān guān zhě
to visit (attend)	参观	cān guān
customer	顾客	gù kè

119. Mass Media

newspaper	报纸	bào zhǐ
magazine	杂志	zá zhì
press (printed media)	报刊	bào kān
radio	广播	guǎng bō
radio station	广播台	guǎng bō tái
television	电视	diàn shì
presenter, host	主持人	zhǔ chí rén
newscaster	新闻播音员	xīn wén bō yīn yuán
commentator	评论员	píng lùn yuán
journalist	新闻工作者	xīnwén gōngzuò zhě
correspondent (reporter)	记者	jì zhě
press photographer	摄影记者	shèyǐng jìzhě
reporter	记者	jì zhě
editor	编辑	biān jí
editor-in-chief	总编辑	zǒng biān jí
to subscribe (to ...)	订阅	dìng yuè
subscription	订阅	dìng yuè
subscriber	订阅者	dìng yuè zhě
to read (vi, vt)	读	dú
reader	读者	dú zhě
circulation (of newspaper)	发行量	fā xíng liàng
monthly (adj)	每月的	měi yuè de
weekly (adj)	每周的	měi zhōu de
issue (edition)	号	hào
new (~ issue)	最近的	zuì jìn de
headline	标题	biāo tí
short article	小文章	xiǎo wén zhāng
column (regular article)	专栏	zhuān lán
article	文章	wén zhāng
page	页	yè
reportage, report	报道	bào dào
event (happening)	事件	shì jiàn
sensation (news)	轰动	hōng dòng

| scandal | 丑闻 | chǒu wén |
| scandalous (adj) | 丑闻的 | chǒu wén de |

program	节目	jié mù
interview	访谈	fǎng tán
live broadcast	直播	zhí bō
channel	电视频道	diàn shì pín dào

120. Agriculture

agriculture	农业	nóng yè
peasant (masc.)	男农民	nán nóng mín
peasant (fem.)	女农民	nǚ nóng mín
farmer	农场主	nóng chǎng zhǔ

| tractor | 拖拉机 | tuō lā jī |
| combine, harvester | 收割机 | shōu gē jī |

plow	犁	lí
to plow (vi, vt)	犁地	lí dì
plowland	耕地	gēng dì
furrow (in field)	犁沟	lí gōu

to sow (vi, vt)	播种	bō zhǒng
seeder	播种机	bō zhǒng jī
sowing (process)	播种	bō zhǒng

| scythe | 大镰刀 | dà lián dāo |
| to mow, to scythe | 割 | gē |

| spade (tool) | 铲 | chǎn |
| to dig (to till) | 挖 | wā |

hoe	锄	chú
to hoe, to weed	锄	chú
weed (plant)	杂草	zá cǎo

watering can	喷壶	pēn hú
to water (plants)	给 … 浇水	gěi … jiāo shuǐ
watering (act)	浇水	jiāo shuǐ

| pitchfork | 草叉 | cǎo chā |
| rake | 耙子 | pá zi |

fertilizer	化肥	huàféi
to fertilize (vt)	施肥	shī féi
manure (fertilizer)	厩肥, 粪肥	jiùféi, fènféi

| field | 田地 | tián dì |
| meadow | 草地 | cǎo dì |

| vegetable garden | 菜圃 | cài pǔ |
| orchard (e.g., apple ~) | 果园 | guǒ yuán |

to pasture (vt)	牧放	mù fàng
herdsman	牧人	mù rén
pastureland	牧场	mù chǎng

| cattle breeding | 牧业 | mù yè |
| sheep farming | 羊养殖 | yáng yǎng zhí |

plantation	种植园	zhòng zhí yuán
row (garden bed ~s)	土垄	tǔ lǒng
hothouse	温室	wēn shì

| drought (lack of rain) | 干旱 | gān hàn |
| dry (~ summer) | 干旱的 | gān hàn de |

| cereal crops | 谷物 | gǔ wù |
| to harvest, to gather | 收获 | shōu huò |

miller (person)	磨坊主	mò fáng zhǔ
mill (e.g., gristmill)	磨坊	mò fáng
to grind (grain)	磨成	mó chéng
flour	面粉	miàn fěn
straw	稻草	dào cǎo

121. Building. Building process

construction site	建筑工地	jiànzhù gōngdì
to build (vt)	建筑	jiàn zhù
construction worker	建筑工人	jiànzhù gōngrén

project	项目	xiàng mù
architect	建筑师	jiànzhù shī
worker	工人	gōng rén

foundation (of building)	地基	dì jī
roof	房顶	fáng dǐng
foundation pile	地基桩柱	dì jī zhuāng zhù
wall	墙	qiáng

| reinforcing bars | 配筋 | pèi jīn |
| scaffolding | 脚手架 | jiǎo shǒu jià |

concrete	混凝土	hùn níng tǔ
granite	花岗石	huā gāng shí
stone	石头，石料	shí tou, shí liào
brick	砖	zhuān
sand	沙，沙子	shā, shā zi
cement	水泥	shuǐ ní

plaster (for walls)	灰泥	huī ní
to plaster (vt)	涂灰泥于	tú huī ní yú
paint	油漆	yóu qī
to paint (~ a wall)	油漆	yóu qī
barrel	桶	tǒng
crane	起重机	qǐ zhòng jī
to lift (vt)	举起	jǔ qǐ
to lower (vt)	放下	fàng xià
bulldozer	推土机	tuītǔjī
excavator	挖土机	wā tǔ jī
scoop, bucket	掘斗	jué dǒu
to dig (excavate)	挖	wā
hard hat	安全帽	ān quán mào

122. Science. Research. Scientists

science	科学	kē xué
scientific (adj)	科学的	kē xué de
scientist	科学家	kē xué jiā
theory	理论	lǐ lùn
axiom	公理	gōnglǐ
analysis	分析	fēn xī
to analyze (vt)	分析	fēn xī
argument (strong ~)	论据	lùnjù
substance (matter)	物质	wù zhì
hypothesis	假设	jiǎ shè
dilemma	两难推理	liǎng nántuīlǐ
dissertation	学位论文	xuéwèi lùnwén
dogma	教条	jiào tiáo
doctrine	学说	xué shuō
research	研究	yán jiū
to do research	研究	yán jiū
testing	检验	jiǎn yàn
laboratory	实验室	shí yàn shì
method	方法	fāng fǎ
molecule	分子	fèn zǐ
monitoring	监测	jiān cè
discovery (act, event)	发现	fā xiàn
postulate	公设	gōng shè
principle	原则	yuán zé
forecast	预报	yù bào
prognosticate (vt)	预报	yù bào
synthesis	综合	zōng hé

| trend (tendency) | 趋势 | qū shì |
| theorem | 定理 | dìng lǐ |

teachings	学说	xué shuō
fact	事实	shì shí
experiment	实验	shí yàn

academician	院士	yuàn shì
bachelor (e.g., ~ of Arts)	学士	xué shì
doctor (PhD)	博士	bó shì
Associate Professor	副教授	fù jiào shòu
Master (e.g., ~ of Arts)	硕士	shuò shì
professor	教授	jiào shòu

Professions and occupations

123. Job search. Dismissal

job	工作	gōng zuò
personnel	人员	rényuán
career	职业	zhí yè
prospects	前途	qián tú
skills (mastery)	技能	jì néng
selection (screening)	挑选	tiāo xuǎn
employment agency	职业介绍所	zhí yè jiè shào suǒ
résumé	简历	jiǎn lì
interview (for job)	面试	miàn shì
vacancy, opening	空缺	kòng quē
salary, pay	薪水	xīn shuǐ
fixed salary	固定薪水	gùdìng xīnshuǐ
pay, compensation	报酬	bào chóu
position (job)	职务	zhí wù
duty (of employee)	职责	zhí zé
range of duties	职责	zhí zé
busy (I'm ~)	忙	máng
to fire (dismiss)	解雇	jiě gù
dismissal	辞退	cí tuì
unemployment	失业	shī yè
unemployed (n)	失业者	shī yè zhě
retirement	退休	tuì xiū
to retire (from job)	退休	tuì xiū

124. Business people

director	经理	jīng lǐ
manager (director)	主管人	zhǔ guǎn rén
boss	老板	lǎo bǎn
superior	上级	shàng jí
superiors	管理层	guǎn lǐ céng
president	总裁	zǒng cái
chairman	主席	zhǔxí

deputy (substitute)	副手	fù shǒu
assistant	助手	zhù shǒu
secretary	秘书	mì shū
personal assistant	私人秘书	sīrèn mìshū
businessman	商人	shāng rén
entrepreneur	企业家	qǐ yè jiā
founder	创始人	chuàng shǐ rén
to found (vt)	创始	chuàng shǐ
incorporator	合伙员	hé huǒ yuán
partner	合伙人	hé huǒ rén
stockholder	股东	gǔ dōng
millionaire	百万富翁	bǎiwàn fùwēng
billionaire	亿万富翁	yìwàn fùwēng
owner, proprietor	业主	yè zhǔ
landowner	地主	dì zhǔ
client	客户	kèhù
regular client	长期客户	chángqī kèhù
buyer (customer)	顾客	gù kè
visitor	参观者	cān guān zhě
professional (n)	专家	zhuān jiā
expert	行家，专家	háng jiā, zhuān jiā
specialist	专家	zhuān jiā
banker	银行家	yín háng jiā
broker	经纪人	jīng jì rén
cashier, teller	收款员	shōu kuǎn yuán
accountant	会计员	kuài jì yuán
security guard	安保员	ān bǎo yuán
investor	投资者	tóu zī zhě
debtor	债务人	zhài wù rén
creditor	债权人	zhài quán rén
borrower	借款人	jiè kuǎn rén
importer	进口者	jìn kǒu zhě
exporter	出口厂商	chū kǒu chǎng shāng
manufacturer	生产商	shēng chǎn shāng
distributor	经销商	jīng xiāo shāng
middleman	中间人	zhōng jiān rén
consultant	咨询顾问	zīxún gùwèn
sales representative	代表	dài biǎo
agent	代理人	dài lǐ rén
insurance agent	保险代理人	bǎo xiǎn dài lǐ rén

125. Service professions

cook	厨师	chúshī
chef (kitchen chef)	高级厨师	gāojí chúshī
baker	面包师	miànbāo shī
bartender	酒保	jiǔ bǎo
waiter	服务员	fú wù yuán
waitress	女服务员	nǚ fú wù yuán
lawyer, attorney	辩护人	biàn hù rén
lawyer (legal expert)	律师	lǜ shī
notary	公证人	gōng zhèng rén
electrician	电工	diàn gōng
plumber	水管工	shuǐ guǎn gōng
carpenter	木匠	mù jiàng
masseur	男按摩师	nán ànmóshī
masseuse	女按摩师	nǚ ànmóshī
doctor	医生	yīshēng
taxi driver	出租车司机	chūzūchē sī jī
driver	司机	sī jī
delivery man	快递员	kuài dì yuán
chambermaid	女服务员	nǚ fú wù yuán
security guard	安保员	ān bǎo yuán
flight attendant	空姐	kōng jiě
teacher (in primary school)	老师	lǎo shī
librarian	图书馆员	tú shū guǎn yuán
translator	翻译，译者	fān yì, yì zhě
interpreter	口译者	kǒu yì zhě
guide	导游	dǎo yóu
hairdresser	理发师	lǐ fà shī
mailman	邮递员	yóu dì yuán
salesman (store staff)	售货员	shòu huò yuán
gardener	花匠	huā jiàng
domestic servant	仆人	pú rén
maid	女仆	nǚ pú
cleaner (cleaning lady)	清洁女工	qīng jié nǚ gōng

126. Military professions and ranks

private	士兵，列兵	shìbīng, lièbīng
sergeant	中士	zhōng shì

| lieutenant | 中尉 | zhōng wèi |
| captain | 上尉 | shàng wèi |

major	少校	shào xiào
colonel	上校	shàng xiào
general	将军	jiāng jūn
marshal	元帅	yuán shuài
admiral	海军上将	hǎi jūn shàng jiàng

military man	军人	jūn rén
soldier	士兵	shì bīng
officer	军官	jūn guān
commander	指挥员	zhǐhuī yuán

border guard	边界守卫	biān jiè shǒu wèi
radio operator	无线电员	wúxiàndiàn yuán
scout (searcher)	侦察兵	zhēn chá bīng
pioneer (sapper)	工兵	gōng bīng
marksman	神射手	shén shè shǒu
navigator	领航员	lǐng háng yuán

127. Officials. Priests

| king | 国王 | guó wáng |
| queen | 王后，女王 | wáng hòu, nǚ wáng |

| prince | 王子 | wáng zǐ |
| princess | 公主 | gōng zhǔ |

| tsar, czar | 沙皇 | shā huáng |
| czarina | 沙皇皇后 | shā huáng huáng hòu |

president	总统	zǒng tǒng
Secretary (~ of State)	部长	bù zhǎng
prime minister	总理	zǒng lǐ
senator	参议院	cān yì yuàn

diplomat	外交官	wài jiāo guān
consul	领事	lǐng shì
ambassador	大使	dàshǐ
advisor (military ~)	顾问	gù wèn

official (civil servant)	官员	guān yuán
prefect	长官	zhǎng guān
mayor	市长	shì zhǎng

judge	法官	fǎ guān
district attorney (prosecutor)	公诉人	gōng sù rén
missionary	传教士	chuán jiào shì

monk	僧侣, 修道士	sēng lǚ, xiū dào shì
abbot	男修道院院长	nán xiūdàoyuàn yuànzhǎng
rabbi	拉比	lā bǐ
vizier	维齐尔	wéi qí ěr
shah	沙阿	shā ē
sheikh	族长	zú zhǎng

128. Agricultural professions

beekeeper	养蜂人	yǎngfēng rén
herder, shepherd	牧人	mù rén
agronomist	农学家	nóng xuéjiā
cattle breeder	饲养者	sì yǎng zhě
veterinarian	兽医	shòu yī
farmer	农场主	nóng chǎng zhǔ
winemaker	酒商	jiǔ shāng
zoologist	动物学家	dòng wù xuéjiā
cowboy	牛仔	niú zǎi

129. Art professions

actor	演员	yǎnyuán
actress	女演员	nǚ yǎnyuán
singer (masc.)	歌手	gē shǒu
singer (fem.)	女歌手	nǚ gē shǒu
dancer (masc.)	舞蹈家	wǔ dǎo jiā
dancer (fem.)	女舞蹈家	nǚ wǔ dǎo jiā
performing artist (masc.)	演员	yǎnyuán
performing artist (fem.)	女演员	nǚ yǎnyuán
musician	音乐家	yīn yuè jiā
pianist	钢琴家	gāng qín jiā
guitar player	吉他手	jí tā shǒu
conductor (orchestra ~)	指挥	zhǐ huī
composer	作曲家	zuò qū jiā
impresario	经理人	jīng lǐ rén
movie director	导演	dǎo yǎn
producer	制片人	zhì piàn rén
scriptwriter	编剧	biān jù
critic	评论家	píng lùn jiā

writer	作家	zuò jiā
poet	诗人	shī rén
sculptor	雕塑家	diāo sù jiā
artist (painter)	画家	huà jiā

juggler	变戏法者	biàn xì fǎ zhě
clown	小丑	xiǎo chǒu
acrobat	杂技演员	zájì yǎnyuán
magician	魔术师	mó shù shī

130. Various professions

doctor	医生	yīshēng
nurse	护士	hù shi
psychiatrist	精神病医生	jīng shén bìng yīshēng
dentist	牙科医生	yá kē yīshēng
surgeon	外科医生	wài kē yīshēng

astronaut	宇航员	yǔ háng yuán
astronomer	天文学家	tiānwén xuéjiā
pilot	飞行员	fēi xíng yuán

driver (of taxi, etc.)	驾驶员	jiàshǐ yuán
engineer (train driver)	火车司机	huǒ chē sī jī
mechanic	机修工	jī xiū gōng

miner	矿工	kuàng gōng
worker	工人	gōng rén
metalworker	钳工	qián gōng
joiner (carpenter)	细木工	xì mù gōng
turner	车工	chē gōng
construction worker	建筑工人	jiànzhù gōngrén
welder	焊接工	hàn jiē gōng

professor (title)	教授	jiào shòu
architect	建筑师	jiànzhù shī
historian	历史学家	lì shǐ xué jiā
scientist	科学家	kē xué jiā
physicist	物理学家	wù lǐ xué jiā
chemist (scientist)	化学家	huà xué jiā

archeologist	考古学家	kǎo gǔ xué jiā
geologist	地质学家	dì zhì xué jiā
researcher	研究者	yán jiū zhě

| babysitter | 临时保姆 | línshí bǎomǔ |
| teacher, educator | 教师 | jiào shī |

| editor | 编辑 | biān jí |
| editor-in-chief | 总编辑 | zǒng biān jí |

| correspondent | 记者 | jì zhě |
| typist (fem.) | 打字员 | dǎ zì yuán |

designer	设计师	shè jì shī
computer expert	电脑专家	diàn nǎo zhuān jiā
programmer	程序员	chéng xù yuán
engineer (designer)	工程师	gōng chéng shī

sailor	水手	shuǐ shǒu
seaman	海员	hǎi yuán
rescuer	救援者	jiù yuán zhě

fireman	消防队员	xiāofáng duìyuán
policeman	警察	jǐng chá
watchman	看守人	kān shǒu rén
detective	侦探	zhēn tàn

customs officer	海关人员	hǎi guān rényuán
bodyguard	保镖	bǎo biāo
prison guard	狱警	yù jǐng
inspector	检察员	jiǎn chá yuán

sportsman	运动员	yùndòng yuán
trainer, coach	教练	jiào liàn
butcher	屠夫	túfū
cobbler	鞋匠	xié jiàng
merchant	商人	shāng rén
loader (person)	装货人	zhuāng huò rén

| fashion designer | 时装设计师 | shízhuāng shèjìshī |
| model (fem.) | 模特儿 | mó tè er |

131. Occupations. Social status

| schoolboy | 男学生 | nán xué sheng |
| student (college ~) | 大学生 | dà xué shēng |

philosopher	哲学家	zhé xué jiā
economist	经济学家	jīng jì xué jiā
inventor	发明者	fā míng zhě

unemployed (n)	失业者	shī yè zhě
retiree	退休人员	tuì xiū rén yuán
spy, secret agent	间谍	jiàn dié

prisoner	犯人，囚犯	fàn rén, qiú fàn
striker	罢工者	bà gōng zhě
bureaucrat	官僚主义者	guān liáo zhǔ yì zhě
traveler	旅行者	lǚ xíng zhě
homosexual	同性恋者	tóng xìng liàn zhě

hacker	黑客	hēi kè
bandit	匪徒	fěi tú
hit man, killer	雇佣杀手	gù yōng shā shǒu
drug addict	吸毒者	xī dú zhě
drug dealer	毒贩子	dú fàn zi
prostitute (fem.)	卖淫者，妓女	mài yín zhě, jì nǚ
pimp	皮条客	pí tiáo kè
sorcerer	巫师	wū shī
sorceress	女巫师	nǚ wū shī
pirate	海盗	hǎi dào
slave	奴隶	nú lì
samurai	武士	wǔ shì
savage (primitive)	野蛮人	yě mán rén

Sports

132. Kinds of sports. Sportspersons

sportsman	运动员	yùndòng yuán
kind of sports	种运动	zhǒng yùndòng
basketball	篮球	lán qiú
basketball player	篮球运动员	lán qiú yùndòng yuán
baseball	棒球	bàng qiú
baseball player	棒球手	bàng qiú shǒu
soccer	足球	zú qiú
soccer player	足球运动员	zú qiú yùndòng yuán
goalkeeper	守门员	shǒu mén yuán
hockey	冰球	bīng qiú
hockey player	冰球运动员	bīng qiú yùndòng yuán
volleyball	排球	pái qiú
volleyball player	排球运动员	pái qiú yùndòng yuán
boxing	拳击	quánjī
boxer	拳击运动员	quánjī yùndòng yuán
wrestling	摔跤	shuāi jiāo
wrestler	摔跤运动员	shuāi jiāo yùndòng yuán
karate	空手道	kōng shǒu dào
karate fighter	空手道专家	kòng shǒu dào zhuānjiā
judo	柔道	róu dào
judo athlete	柔道运动员	róudào yùndòng yuán
tennis	网球	wǎng qiú
tennis player	网球运动员	wǎng qiú yùndòng yuán
swimming	游泳	yóuyǒng
swimmer	游泳运动员	yóuyǒng yùndòng yuán
fencing	击剑	jī jiàn
fencer	击剑者	jī jiàn zhě
chess	国际象棋	guó jì xiàng qí
chess player	下象棋者	xià xiàng qí zhě

| alpinism | 登山技术 | dēng shān jì shù |
| alpinist | 登山家 | dēng shān jiā |

| running | 赛跑 | sàipǎo |
| runner | 赛跑者 | sàipǎo zhě |

| athletics | 田径运动 | tiánjìng yùndòng |
| athlete | 田径运动员 | tiánjìng yùndòng yuán |

| horseback riding | 骑马 | qí mǎ |
| horse rider | 骑手 | qí shǒu |

figure skating	花样滑冰	huāyàng huábīng
figure skater (masc.)	花样滑冰运动员	huāyàng huábīng yùndòng yuán
figure skater (fem.)	花样滑冰女运动员	huāyàng huábīng nǚ yùndòng yuán

weightlifting	举重	jǔ zhòng
car racing	汽车竞赛	qìchē jìngsài
racing driver	赛车手	sài chē shǒu

| cycling | 自行车运动 | zìxíngchē yùndòng |
| cyclist | 自行车运动员 | zìxíngchē yùndòng yuán |

broad jump	跳远	tiào yuǎn
pole vault	撑杆跳	chēng gān tiào
jumper	跳高运动员	tiàogāo yùndòng yuán

133. Kinds of sports. Miscellaneous

football	美式足球	měi shì zú qiú
badminton	羽毛球	yǔ máo qiú
biathlon	两项竞赛	liǎng xiàng jìng sài
billiards	台球	tái qiú

bobsled	长橇	cháng qiāo
bodybuilding	健美运动	jiàn měi yùndòng
water polo	水球	shuǐ qiú
handball	手球	shǒu qiú
golf	高尔夫球	gāo ěr fū qiú

rowing	划船运动	huáchuán yùndòng
scuba diving	潜水	qián shuǐ
cross-country skiing	越野滑雪	yuè yě huá xuě
ping-pong	乒乓球	pīng pāng qiú

sailing	帆船运动	fānchuán yùndòng
rally racing	汽车赛	qì chē sài
rugby	橄榄球	gǎn lǎn qiú

| snowboarding | 滑雪板 | huá xuě bǎn |
| archery | 射箭 | shè jiàn |

134. Gym

| barbell | 杠铃 | gàng líng |
| dumbbells | 哑铃 | yǎ líng |

training machine	训练器	xùn liàn qì
bicycle trainer	健身自行车	jiàn shēn zì xíng chē
treadmill	跑步机	pǎo bù jī

horizontal bar	单杠	dān gàng
parallel bars	双杠	shuāng gàng
vaulting horse	跳马	tiào mǎ
mat (in gym)	垫子	diàn zi

| aerobics | 有氧健身法 | yǒuyǎng jiànshēnfǎ |
| yoga | 瑜伽 | yú jiā |

135. Hockey

hockey	冰球	bīng qiú
hockey player	冰球运动员	bīng qiú yùndòng yuán
to play hockey	打冰球	dǎ bīng qiú
ice	冰	bīng

puck	冰球	bīng qiú
hockey stick	曲棍球杆	qū gùn qiú gān
ice skates	冰球鞋	bīng qiú xié

| board | 界墙 | jiè qiáng |
| shot | 射门 | shè mén |

goaltender	守门员	shǒu mén yuán
goal (score)	进球	jìn qiú
to score a goal	打进一个球	dǎjìn yīgè qiú

| period | 局 | jú |
| substitutes bench | 替补席上 | tì bǔ xí shàng |

136. Football

soccer	足球	zú qiú
soccer player	足球运动员	zú qiú yùndòng yuán
to play soccer	踢足球	tī zúqiú

major league	职业体育总会	zhíyè tǐyù zǒng huì
soccer club	足球俱乐部	zúqiú jùlèbù
coach	教练	jiào liàn
owner, proprietor	拥有者	yōng yǒu zhě
team	队	duì
team captain	队长	duì zhǎng
player	球员	qiú yuán
substitute	候补队员	hòu bǔ duì yuán
forward	前锋	qián fēng
center forward	中锋	zhōng fēng
striker, scorer	前锋	qián fēng
defender, back	防守队员	fáng shǒu duì yuán
halfback	前卫	qián wèi
match	比赛	bǐ sài
to meet (vi, vt)	比赛	bǐ sài
final	决赛	jué sài
semi-final	半决赛	bàn jué sài
championship	锦标赛	jǐn biāo sài
period, half	半场	bàn chǎng
first period	上半时	shàng bàn shí
half-time	中场休息	zhōng chǎng xiū xi
goal	球门	qiú mén
goalkeeper	守门员	shǒu mén yuán
goalpost	球门柱	qiú mén zhù
crossbar	球门横梁	qiú mén héng liáng
net	球门网	qiú mén wǎng
to concede a goal	漏球	lòu qiú
ball	球	qiú
pass	传球	chuán qiú
kick	踢	tī
to kick (~ the ball)	踢	tī
free kick	任意球	rèn yì qiú
corner kick	角球	jiǎo qiú
attack	进攻	jìn gōng
counterattack	反击	fǎn jī
combination	配合	pèi hé
referee	裁判员	cái pàn yuán
to whistle (vi)	吹哨	chuī shào
whistle (sound)	吹口哨	chuī kǒu shào
foul, misconduct	犯规	fàn guī
to commit a foul	犯规	fàn guī
to send off	判罚出场	pàn fá chū cháng
yellow card	黄牌	huáng pái
red card	红牌	hóng pái

disqualification	取消资格	qǔxiāo zīgé
to disqualify (vt)	取消资格	qǔxiāo zīgé
penalty kick	点球	diǎn qiú
wall	人墙	rén qiáng
to score (vi, vt)	进球	jìn qiú
goal (score)	进球	jìn qiú
to score a goal	进球	jìn qiú
substitution	换人	huàn rén
to replace (vt)	换人	huàn rén
rules	规则	guī zé
tactics	战术	zhàn shù
stadium	体育场	tǐ yù chǎng
stand (bleachers)	看台	kàn tái
fan, supporter	球迷	qiú mí
to shout (vi)	叫喊	jiào hǎn
scoreboard	记分牌	jì fēn pái
score	比分	bǐ fēn
defeat	失败	shī bài
to lose (not win)	输掉	shū diào
draw	平局	píng jú
to draw (vi)	打成平局	dǎchéng píng jú
victory	胜利	shèng lì
to win (vi, vt)	赢，获胜	yíng, huò shèng
champion	冠军	guàn jūn
best (adj)	最好的	zuì hào de
to congratulate (vt)	祝贺	zhù hè
commentator	评论员	píng lùn yuán
to commentate (vt)	评论	píng lùn
broadcast	广播	guǎng bō

137. Alpine skiing

skis	滑雪板	huá xuě bǎn
to ski (vi)	滑雪	huá xuě
mountain-ski resort	山滑雪场	shān huá xuě chǎng
ski lift	上山缆车	shàng shān lǎn chē
ski poles	滑雪杖	huá xuě zhàng
slope	山坡	shān pō
slalom	滑雪障碍赛	huá xuě zhàng ài sài

138. Tennis. Golf

golf	高尔夫球	gāo ěr fū qiú
golf club	高尔夫球俱乐部	gāoěrfūqiú jùlèbù
golfer	高尔夫球手	gāoěrfūqiú shǒu
hole	球穴	qiú xué
club	球杆	qiú gān
golf trolley	高尔夫球包车	gāoěrfūqiú bāo chē
tennis	网球	wǎng qiú
tennis court	网球场	wǎng qiú chǎng
serve	发球	fā qiú
to serve (vt)	发球	fā qiú
racket	球拍	qiú pāi
net	球网	qiú wǎng
ball	球	qiú

139. Chess

chess	国际象棋	guó jì xiàng qí
chessmen	棋子	qízǐ
chess player	下象棋者	xià xiàng qí zhě
chessboard	国际象棋棋盘	guó jì xiàng qí qí pán
chessman	棋子	qízǐ
White (white pieces)	白棋	bái qí
Black (black pieces)	黑棋	hēi qí
pawn	兵，卒	bīng, zú
bishop	象	xiàng
knight	马	mǎ
rook (castle)	车	jū
queen	后	hòu
king	王	wáng
move	走棋	zǒu qí
to move (vi, vt)	走棋	zǒu qí
to sacrifice (vt)	牺牲	xī shēng
castling	王车易位	wáng jū yì wèi
check	将军	jiāng jūn
checkmate	将死	jiàng sǐ
chess tournament	国际象棋比赛	guó jì xiàng qí bǐ sài
Grand Master	象棋大师	xiàng qí dàshī
combination	组合	zǔ hé
game (in chess)	对局	duì jú
checkers	西洋跳棋	xī yáng tiào qí

140. Boxing

boxing	拳击	quánjī
fight (bout)	拳击赛	quán jī sài
boxing match	拳击比赛	quán jī bǐsài
round (in boxing)	回合	huí hé

| ring | 拳击台 | quán jī tái |
| gong | 锣 | luó |

punch	一拳	yì quán
knock-down	击昏	jī hūn
knockout	击倒	jī dǎo
to knock out	击倒	jī dǎo

| boxing glove | 拳击手套 | quán jī shǒu tào |
| referee | 裁判员 | cái pàn yuán |

lightweight	轻量级	qīng liàng jí
middleweight	中量级	zhōng liàng jí
heavyweight	重量级	zhòng liàng jí

141. Sports. Miscellaneous

Olympic Games	奥林匹克运动会	aòlínpǐkè yùndònghuì
winner	胜利者	shèng lì zhě
to be winning	赢	yíng
to win (vi)	赢，获胜	yíng, huò shèng

| leader | 领先者 | lǐng xiān zhě |
| to lead (vi) | 领先 | lǐng xiān |

first place	第一名	dì yī míng
second place	第二名	dì èr míng
third place	第三名	dì sān míng

medal	奖章	jiǎng zhāng
trophy	奖品	jiǎng pǐn
prize cup (trophy)	奖杯	jiǎng bēi
prize (in game)	奖品	jiǎng pǐn
main prize	一等奖	yī děng jiǎng

| record | 纪录 | jì lù |
| to set a record | 创造纪录 | chuàng zào jì lù |

final	决赛	jué sài
final (adj)	决赛的	jué sài de
champion	冠军	guàn jūn
championship	锦标赛	jǐn biāo sài

stadium	体育场	tǐ yù chǎng
stand (bleachers)	看台	kàn tái
fan, supporter	球迷	qiú mí
opponent, rival	对手	duì shǒu
start	起点	qǐ diǎn
finish line	终点	zhōng diǎn
defeat	失败	shī bài
to lose (not win)	输掉	shū diào
referee	裁判员	cái pàn yuán
jury	裁判委员会	cái pàn wěiyuánhuì
score	比分	bǐ fēn
draw	平局	píng jú
to draw (vi)	打成平局	dǎchéng píng jú
point	分	fēn
result (final score)	比分	bǐ fēn
half-time	中场休息	zhōng chǎng xiū xi
doping	兴奋剂	xīng fèn jì
to penalize (vt)	惩罚	chéng fá
to disqualify (vt)	取消资格	qǔxiāo zīgé
apparatus	体育器材	tǐ yù qì cái
javelin	标枪	biāo qiāng
shot put ball	铅球	qiān qiú
ball (snooker, etc.)	球	qiú
aim (target)	目标	mù biāo
target	靶子	bǎ zi
to shoot (vi)	射击	shè jī
precise (~ shot)	精确	jīng què
trainer, coach	教练	jiào liàn
to train (sb)	训练	xùn liàn
to train (vi)	训练	xùn liàn
training	训练	xùn liàn
gym	健身房	jiàn shēn fáng
exercise (physical)	练习	liàn xí
warm-up (of athlete)	准备活动	zhǔnbèi huódòng

Education

142. School

school	学校	xué xiào
headmaster	校长	xiào zhǎng
pupil (boy)	男学生	nán xué sheng
pupil (girl)	女学生	nǚ xué sheng
schoolboy	男学生	nán xué sheng
schoolgirl	女学生	nǚ xué sheng
to teach (sb)	教	jiào
to learn (language, etc.)	学，学习	xué, xué xí
to learn by heart	记住	jì zhù
to study (work to learn)	学习	xué xí
to be in school	上学	shàng xué
to go to school	去学校	qù xué xiào
alphabet	字母表	zì mǔ biǎo
subject (at school)	课程	kè chéng
classroom	教室	jiào shì
lesson	一堂课	yī táng kè
recess	课间休息	kè jiān xiū xi
school bell	铃	líng
school desk	课桌	kè zhuō
chalkboard	黑板	hēi bǎn
grade	分数	fēnshù
good grade	好分数	hǎo fēnshù
bad grade	不好分数	bù hǎo fēnshù
to give a grade	打分数	dǎ fēnshù
mistake, error	错误	cuò wù
to make mistakes	犯错	fàn cuò
to correct (an error)	改错	gǎi cuò
cheat sheet	小抄	xiǎo chāo
homework	家庭作业	jiā tíng zuò yè
exercise (in education)	练习	liàn xí
to be present	出席	chū xí
to be absent	缺席	quē xí
to punish (vt)	惩罚	chéng fá

punishment	惩罚	chéng fá
conduct (behavior)	行为，举止	xíng wéi, jǔ zhǐ
report card	成绩单	chéng jì dān
pencil	铅笔	qiān bǐ
eraser	橡皮擦	xiàng pí cā
chalk	粉笔	fěnbǐ
pencil case	铅笔盒	qiān bǐ hé
schoolbag	书包	shū bāo
pen	钢笔	gāng bǐ
school notebook	练习簿	liàn xí bù
textbook	课本	kè běn
compasses	圆规	yuáng uī
to draw (a blueprint, etc.)	画	huà
technical drawing	工程图	gōng chéng tú
poem	诗	shī
by heart (adv)	凭记性	píng jì xìng
to learn by heart	记住	jì zhù
school vacation	学校假期	xué xiào jià qī
to be on vacation	放假	fàng jià
test (written math ~)	测试，考试	cè shì, kǎo shì
essay (composition)	作文	zuò wén
dictation	听写	tīng xiě
exam	考试	kǎo shì
to take an exam	参加考试	cān jiā kǎo shì
experiment (chemical ~)	实验	shí yàn

143. College. University

academy	学院	xué yuàn
university	大学	dà xué
faculty (section)	系	xì
student (masc.)	大学生	dà xué shēng
student (fem.)	大学生	dà xué shēng
lecturer (teacher)	讲师	jiǎng shī
lecture hall, room	讲堂	jiǎng táng
graduate	毕业生	bì yè shēng
diploma	毕业证	bì yè zhèng
dissertation	学位论文	xuéwèi lùnwén
study (report)	研究报告	yán jiū bào gào
laboratory	实验室	shí yàn shì
lecture	讲课	jiǎng kè

course mate	同学	tóng xué
scholarship	奖学金	jiǎng xué jīn
academic degree	学位	xué wèi

144. Sciences. Disciplines

mathematics	数学	shù xué
algebra	代数学	dài shù xué
geometry	几何学	jǐ hé xué
astronomy	天文学	tiān wén xué
biology	生物学	shēng wù xué
geography	地理学	dì lǐ xué
geology	地质学	dì zhì xué
history	历史学	lìshǐ xué
medicine	医学	yī xué
pedagogy	教育学	jiàoyù xué
law	法学	fǎ xué
physics	物理学	wù lǐ xué
chemistry	化学	huà xué
philosophy	哲学	zhé xué
psychology	心理学	xīn lǐ xué

145. Writing system. Orthography

grammar	语法	yǔ fǎ
vocabulary	词汇	cí huì
phonetics	语音学	yǔ yīn xué
noun	名词	míng cí
adjective	形容词	xíng róng cí
verb	动词	dòng cí
adverb	副词	fùcí
pronoun	代词	dài cí
interjection	感叹词	gǎn tàn cí
preposition	介词	jiè cí
root	词根	cí gēn
ending	词尾	cí wěi
prefix	前缀	qián zhuì
syllable	音节	yīn jié
suffix	后缀	hòu zhuì
stress mark	重音	zhòng yīn
apostrophe	撇号	piē hào

period, dot	点	diǎn
comma	逗号	dòu hào
semicolon	分号	fēn hào

| colon | 冒号 | mào hào |
| ellipsis | 省略号 | shěng lüè hào |

| question mark | 问号 | wèn hào |
| exclamation point | 感叹号 | gǎn tàn hào |

| quotation marks | 引号 | yǐn hào |
| in quotation marks | 在引号 | zài yǐn hào |

| parenthesis | 括号 | kuò hào |
| in parenthesis | 在圆括号 | zài yuán kuò hào |

hyphen	连字符	lián zì fú
dash	破折号	pò zhé hào
space (between words)	空白	kòng bái

| letter | 字母 | zì mǔ |
| capital letter | 大写字母 | dà xiě zì mǔ |

| vowel (n) | 元音 | yuán yīn |
| consonant (n) | 辅音 | fǔyīn |

sentence	句子	jù zi
subject	主语	zhǔ yǔ
predicate	谓语	wèi yǔ

line	行	háng
on a new line	另起一行	lìng qǐ yī xíng
paragraph	段，段落	duàn, duàn luò

word	字，单词	zì, dāncí
group of words	词组	cí zǔ
expression	短语	duǎn yǔ

| synonym | 同义词 | tóng yì cí |
| antonym | 反义词 | fǎn yì cí |

rule	规则	guī zé
exception	例外	lì wài
correct (adj)	正确的	zhèng què de

conjugation	变位	biàn wèi
declension	变格	biàn gé
nominal case	名词格	míng cí gé
question	问题	wèn tí
to underline (vt)	在 … 下画线	zài … xià huà xiàn
dotted line	点线	diǎn xiàn

146. Foreign languages

language	语言	yǔ yán
foreign language	外语	wài yǔ
to study (vt)	学习	xué xí
to learn (language, etc.)	学，学习	xué, xué xí
to read (vi, vt)	读	dú
to speak (vi, vt)	说	shuō
to understand (vt)	明白	míng bai
to write (vt)	写	xiě
fast (adv)	快	kuài
slowly (adv)	慢慢地	màn màn de
fluently (adv)	流利	liú lì
rules	规则	guī zé
grammar	语法	yǔ fǎ
vocabulary	词汇	cí huì
phonetics	语音学	yǔ yīn xué
textbook	课本	kè běn
dictionary	词典	cí diǎn
teach-yourself book	自学的书	zì xué de shū
phrasebook	短语手册	duǎn yǔ shǒu cè
cassette	磁带	cí dài
videotape	录像带	lù xiàng dài
CD, compact disc	光盘	guāng pán
DVD	数字影碟	shù zì yǐng dié
alphabet	字母表	zì mǔ biǎo
to spell (vt)	拼写	pīn xiě
pronunciation	发音	fā yīn
accent	口音	kǒu yin
with an accent	带口音	dài kǒu yin
without an accent	没有口音	méiyǒu kǒuyin
word	字，单词	zì, dāncí
meaning	意义	yì yì
course (e.g., a French ~)	讲座	jiǎng zuò
to sign up	报名	bào míng
teacher	老师	lǎo shī
translation (process)	翻译	fān yì
translation (text, etc.)	翻译	fān yì
translator	翻译，译者	fān yì, yì zhě
interpreter	口译者	kǒu yì zhě
memory	记忆力	jì yì lì

147. Fairy tale characters

Santa Claus	圣诞老人	shèngdàn lǎorén
Cinderella	灰姑娘	huī gū niang
magician, wizard	魔法师	mó fǎ shī
fairy	好女巫	hǎo nǚ wū
magic (adj)	魔术的	mó shù de
magic wand	魔术棒	mó shù bàng
fairy tale	神话	shén huà
miracle	奇迹	qí jì
dwarf	小矮人	xiǎo ǎi rén
to turn into ...	变成 …	biàn chéng …
ghost	鬼，幽灵	guǐ, yōulíng
phantom	鬼魂	guǐ hún
monster	怪物	guài wu
dragon	龙	lóng
giant	巨人	jù rén

148. Zodiac Signs

Aries	白羊座	bái yáng zuò
Taurus	金牛座	jīn niú zuò
Gemini	双子座	shuāng zǐ zuò
Cancer	巨蟹座	jù xiè zuò
Leo	狮子座	shī zi zuò
Virgo	室女座	shì nǚ zuò
Libra	天秤座	tiān chèng zuò
Scorpio	天蝎座	tiān xiē zuò
Sagittarius	人马座	rén mǎ zuò
Capricorn	摩羯座	mó jié zuò
Aquarius	宝瓶座	bǎo píng zuò
Pisces	双鱼座	shuāng yú zuò
character	品行	pǐn xíng
features of character	品格	pǐn gé
behavior	行为	xíng wéi
to tell fortunes	占卜	zhānbǔ
fortune-teller	女占卜者	nǚ zhānbǔ zhě
horoscope	天宫图	tiān gōng tú

Arts

149. Theater

theater	剧院	jù yuàn
opera	歌剧	gē jù
operetta	轻歌剧	qīng gē jù
ballet	芭蕾舞	bālěi wǔ

theater poster	戏剧海报	xì jù hǎi bào
theatrical company	剧团	jù tuán
tour	巡回演出	xún huí yǎn chū
to be on tour	巡回演出	xún huí yǎn chū
to rehearse (vi, vt)	排演	pái yǎn
rehearsal	排演	pái yǎn
repertoire	全部节目	quán bù jié mù

performance	演出	yǎn chū
theatrical show	戏剧	xì jù
play	戏剧	xì jù

ticket	票	piào
Box office	售票处	shòu piàn chù
lobby, foyer	大厅	dà tīng
coat check	衣帽间	yī mào jiān
coat check tag	号牌	hàopái
binoculars	望远镜	wàng yuǎn jìng
usher	引座员	yǐn zuò yuán

orchestra seats	池座	chízuò
balcony	楼座，楼厅	lóu zuò, lóu tīng
dress circle	二楼厢座	érlóu xiāngzuò
box	包厢	bāo xiāng
row	排	pái
seat	座位	zuò wèi

audience	观众	guān zhòng
spectator	观众	guān zhòng
to clap (vi, vt)	鼓掌	gǔ zhǎng
applause	掌声	zhǎng shēng
ovation	热烈欢迎	rè liè huān yíng

stage	舞台	wǔ tái
curtain	幕	mù
scenery	布景	bù jǐng
backstage	后台	hòu tái

scene (e.g., the last ~)	场	chǎng
act	幕	mù
intermission	幕间休息	mù jiān xiū xi

150. Cinema

| actor | 演员 | yǎnyuán |
| actress | 女演员 | nǚ yǎnyuán |

movies (industry)	电影业	diànyǐng yè
movie	电影	diànyǐng
episode	一集	yī jí

detective	侦探	zhēn tàn
action movie	动作片	dòngzuò piàn
adventure movie	惊险片	jīngxiǎn piàn
science fiction movie	科幻片	kēhuàn piàn
horror movie	恐怖片	kǒngbù piàn

comedy movie	喜剧片	xǐ jù piàn
melodrama	传奇片	chuánqí piàn
drama	戏剧片	xì jù piàn

fictional movie	故事片	gùshi piàn
documentary	纪录片	jì lù piàn
cartoon	动画片	dònghuà piàn
silent movies	无声电影	wúshēng diànyǐng

role (part)	角色	jué sè
leading role	主角	zhǔ jué
to play (vi, vt)	扮演	bà nyǎn

movie star	电影明星	diànyǐng míng xīng
well-known (adj)	著名的	zhù míng de
famous (adj)	著名的	zhù míng de
popular (adj)	有名的	yǒu míng de

script (screenplay)	剧本	jùběn
scriptwriter	编剧	biān jù
movie director	导演	dǎo yǎn
producer	制片人	zhì piàn rén
assistant	助理	zhù lǐ
cameraman	摄影师	shè yǐng shī
stuntman	特技演员	tè jì yǎnyuán

to shoot a movie	拍电影	pāi diàn yǐng
audition, screen test	试镜头	shì jìng tóu
shooting	拍摄	pāi shè
movie crew	电影摄制组	diànyǐng shèzhìzǔ
movie set	电影场景	diànyǐng chǎng jǐng

camera	摄影机	shèyǐng jī
movie theater	电影院	diànyǐng yuàn
screen (e.g., big ~)	银幕	yín mù
to show a movie	放映电影	fàngyìng diànyǐng
soundtrack	电影声带	diànyǐng shēng dài
special effects	特技效果	tè jì xiào guǒ
subtitles	字幕	zì mù
credits	电影片尾字幕	diànyǐng piān wěi zì mù
translation	翻译	fān yì

151. Painting

art	艺术	yì shù
fine arts	美术	měi shù
art gallery	画廊，艺廊	huà láng, yì láng
art exhibition	画展	huà zhǎn
painting (art)	绘画	huì huà
graphic art	图形艺术	tú xíng yìshù
abstract art	抽象派艺术	chōu xiàng pài yìshù
impressionism	印象主义	yìnxiàng zhǔyì
picture (painting)	画	huà
drawing	图画	tú huà
poster	宣传画	xuān chuán huà
illustration (picture)	插图	chā tú
miniature	微型画	wēi xíng huà
copy (of painting, etc.)	摹本	mó běn
reproduction	复制品	fù zhì pǐn
mosaic	镶嵌画	xiāng qiàn huà
fresco	壁画	bì huà
engraving	版画	bǎn huà
bust (sculpture)	半身像	bàn shēn xiàng
sculpture	雕塑	diāo sù
statue	塑像	sù xiàng
plaster of Paris	石膏	shí gāo
plaster (as adj)	石膏的	shí gāo de
portrait	肖像画	xiào xiàng huà
self-portrait	自画像	zì huà xiàng
landscape painting	风景画	fēng jǐng huà
still life	静物画	jìng wù huà
caricature	漫画	màn huà
paint	颜料	yánliào
watercolor	水彩颜料	shuǐcǎi yánliào

oil (paint)	油画颜料	yóu huà yánliào
pencil	铅笔	qiān bǐ
Indian ink	墨汁	mò zhī
charcoal	炭条	tàn tiáo

| to draw (vi, vt) | 用铅笔画 | yòng qiān bǐ huà |
| to paint (vi, vt) | 画 | huà |

to pose (vi)	摆姿势	bǎi zī shì
artist's model (masc.)	模特儿	mó tè er
artist's model (fem.)	模特儿	mó tè er

artist (painter)	画家	huà jiā
work of art	艺术品	yì shù pǐn
masterpiece	杰作	jié zuò
artist's workshop	画室	huà shì

canvas (cloth)	油画布	yóu huà bù
easel	画架	huà jià
palette	调色板	tiáo sè bǎn

frame (of picture, etc.)	画框	huà kuàng
restoration	修复	xiū fù
to restore (vt)	修复	xiū fù

152. Literature & Poetry

literature	文学	wén xué
author (writer)	作家	zuò jiā
pseudonym	笔名	bǐ míng

book	书	shū
volume	卷	juàn
table of contents	目录	mù lù
page	页	yè
main character	主角	zhǔ jué
autograph	签名	qiān míng

short story	短篇小说	duǎnpiān xiǎoshuō
story (novella)	中篇小说	zhōngpiān xiǎoshuō
novel	长篇小说	chángpiān xiǎoshuō
work (writing)	作品	zuò pǐn
fable	寓言	yù yán
detective novel	侦探小说	zhēntàn xiǎoshuō

poem (verse)	诗	shī
poetry	诗歌	shī gē
poem (epic, ballad)	叙事诗	xù shì shī
poet	诗人	shī rén
fiction	小说	xiǎo shuō

science fiction	科幻	kē huàn
adventures	冒险	mào xiǎn
educational literature	教育文献	jiào yù wén xiàn
children's literature	儿童文学	értóng wénxué

153. Circus

circus	马戏团	mǎ xì tuán
chapiteau circus	马戏篷	mǎ xì péng
program	节目单	jié mù dān
performance	演出	yǎn chū

| act (circus ~) | 节目 | jié mù |
| circus ring | 马戏场 | mǎ xì chǎng |

| pantomime (act) | 哑剧 | yǎ jù |
| clown | 小丑 | xiǎo chǒu |

acrobat	杂技演员	zájì yǎnyuán
acrobatics	杂技	zájì
gymnast	杂技演员	zájì yǎnyuán
gymnastics	杂技	zájì
somersault	翻跟头	fān gēn tou

athlete (strongman)	大力士	dà lì shì
animal-tamer	驯服手	xùn fú shǒu
equestrian	骑手	qí shǒu
assistant	助手	zhù shǒu

stunt	特技表演	tè jì biǎo yǎn
magic trick	魔术	mó shù
conjurer, magician	魔术师	mó shù shī

juggler	变戏法者	biàn xì fǎ zhě
to juggle (vi, vt)	玩杂耍	wán zá shuǎ
animal trainer	驯养师	xùn yǎng shī
animal training	驯兽术	xún shòu shù
to train (animals)	训练	xùn liàn

154. Music. Pop music

music	音乐	yīn yuè
musician	音乐家	yīn yuè jiā
musical instrument	乐器	yuè qì
to play ...	弹 ··· ，弹奏	tán ..., tán zòu

| guitar | 吉他 | jí tā |
| violin | 小提琴 | xiǎo tí qín |

cello	大提琴	dà tí qín
double bass	低音提琴	dī yīn tí qín
harp	竖琴	shù qín

piano	钢琴	gāng qín
grand piano	大钢琴	dà gāng qín
organ	管风琴	guǎn fēng qín

wind instruments	管乐器	guǎn yuè qì
oboe	双簧管	shuāng huáng guǎn
saxophone	萨克斯管	sà kè sī guǎn
clarinet	黑管	hēi guǎn
flute	长笛	cháng dí
trumpet	小号	xiǎo hào

| accordion | 手风琴 | shǒu fēng qín |
| drum | 鼓 | gǔ |

duo	二重奏	èr chóng zòu
trio	三重奏	sān chóng zòu
quartet	四重奏	sì chóng zòu
choir	合唱队	hé chàng duì
orchestra	管弦乐队	guǎn xián yuè duì

pop music	流行音乐	liúxíng yīnyuè
rock music	摇滚乐	yáo gǔn yuè
rock group	摇滚乐队	yáo gǔn yuè duì
jazz	爵士乐	jué shì yuè

| idol | 偶像 | ǒu xiàng |
| admirer, fan | 钦佩者 | qīn pèi zhě |

concert	音乐会	yīnyuè huì
symphony	交响乐	jiāo xiǎng yuè
composition	音乐作品	yīnyuè zuòpǐn
to compose (write)	创作	chuàng zuò

singing	唱歌	chàng gē
song	歌	gē
tune (melody)	曲调	qǔ diào
rhythm	节奏	jié zòu
blues	蓝调音乐	lán diào yīn yuè

sheet music	活页乐谱	huó yè lè pǔ
baton	指挥棒	zhǐ huī bàng
bow	琴弓	qín gōng
string	琴弦	qín xián
case (e.g., guitar ~)	琴盒	qín hé

Rest. Entertainment. Travel

155. Trip. Travel

tourism	旅游	lǚ yóu
tourist	~~旅行者~~ 游客	~~lǚ xíng zhě~~
trip, voyage	旅行	lǚ xíng
adventure	冒险	mào xiǎn
trip, journey	旅行	lǚ xíng
vacation	休假	xiū jià
to be on vacation	放假	fàng jià
rest	休息	xiū xi
train	火车	huǒ chē
by train	乘火车	chéng huǒchē
airplane	飞机	fēijī
by airplane	乘飞机	chéng fēijī
by car	乘汽车	chéng qìchē
by ship	乘船	chéng chuán
luggage	行李	xíng li
suitcase, luggage	手提箱	shǒu tí xiāng
luggage cart	行李车	xíng li chē
passport	护照	hù zhào
visa	签证	qiān zhèng
ticket	票	piào
air ticket	飞机票	fēijī piào
guidebook	旅行指南	lǚ xíng zhǐ nán
map	地图	dì tú
area (rural ~)	地方	dì fang
place, site	地方	dì fang
exotic (n)	尖蕊鸢尾	jiān ruǐ yuān wěi
exotic (adj)	外来的	wài lái de
amazing (adj)	惊人的	jīng rén de
group	组	zǔ
excursion	游览	yóu lǎn
guide (person)	导游	dǎo yóu

156. Hotel

hotel	酒店	jiǔ diàn
motel	汽车旅馆	qì chē lǚ guǎn
three-star	三星级	sān xīng jí
five-star	五星级	wǔ xīng jí
to stay (in hotel, etc.)	暂住	zàn zhù
room	房间	fáng jiān
single room	单人间	dān rén jiān
double room	双人间	shuāng rén jiān
to book a room	订房间	dìng fáng jiān
half board	半膳宿	bàn shàn sù
full board	全食宿	quán shí sù
with bath	带洗澡间	dài xǐ zǎo jiān
with shower	带有淋浴	dài yǒu lín yù
satellite television	卫星电视	wèixīng diànshì
air-conditioner	空调	kōng tiáo
towel	毛巾，浴巾	máo jīn, yù jīn
key	钥匙	yào shi
administrator	管理者	guǎn lǐ zhě
chambermaid	女服务员	nǚ fú wù yuán
porter, bellboy	行李生	xíng li shēng
doorman	看门人	kān mén rén
restaurant	饭馆	fàn guǎn
pub, bar	酒吧	jiǔ bā
breakfast	早饭	zǎo fàn
dinner	晚餐	wǎn cān
buffet	自助餐	zì zhù cān
lobby	大厅	dà tīng
elevator	电梯	diàn tī
DO NOT DISTURB	请勿打扰	qǐng wù dǎ rǎo
NO SMOKING	禁止吸烟	jìnzhǐ xīyān

157. Books. Reading

book	书	shū
author	作家	zuò jiā
writer	作家	zuò jiā
to write (~ a book)	写	xiě
reader	读者	dú zhě
to read (vi, vt)	读	dú

reading (activity)	阅读	yuè dú
silently (to oneself)	默	mò
aloud (adv)	出声地	chū shēng de
to publish (vt)	出版	chū bǎn
publishing (process)	出版	chū bǎn
publisher	出版者	chū bǎn zhě
publishing house	出版社	chū bǎn shè
to come out (be released)	出版	chū bǎn
release (of a book)	出版	chū bǎn
print run	发行量	fā xíng liàng
bookstore	书店	shū diàn
library	图书馆	tú shū guǎn
story (novella)	中篇小说	zhōngpiān xiǎoshuō
short story	短篇小说	duǎnpiān xiǎoshuō
novel	长篇小说	chángpiān xiǎoshuō
detective novel	侦探小说	zhēntàn xiǎoshuō
memoirs	回忆录	huí yì lù
legend	传说	chuán shuō
myth	神话	shén huà
poetry, poems	诗	shī
autobiography	自传	zì zhuàn
selected works	选集	xuǎn jí
science fiction	科幻	kē huàn
title	名称	míng chēng
introduction	前言	qián yán
title page	书名页	shū míng yè
chapter	章	zhāng
extract	摘录	zhāi lù
episode	片断	piàn duàn
plot (storyline)	情节	qíng jié
contents	目录	mù lù
table of contents	目录	mù lù
main character	主角	zhǔ jué
volume	卷	juàn
cover	书皮	shū pí
binding	封面	fēng miàn
bookmark	书签	shū qiān
page	页	yè
to flick through	浏览	liú lǎn
margins	页边	yè biān
annotation	注解	zhù jiě

footnote	附注	fù zhù
text	文本	wén běn
type, font	铅字	qiān zì
misprint, typo	印刷错误	yìn shuā cuò wù

translation	翻译	fān yì
to translate (vt)	翻译	fān yì
original (n)	原本	yuán běn

famous (adj)	著名的	zhù míng de
unknown (adj)	不著名的	bù zhù míng de
interesting (adj)	有趣的	yǒu qù de
bestseller	畅销书	chàngxiāo shū

dictionary	词典	cí diǎn
textbook	课本	kè běn
encyclopedia	百科全书	bǎi kē quán shū

158. Hunting. Fishing

hunting	打猎	dǎ liè
to hunt (vi, vt)	打猎	dǎ liè
hunter	猎人	liè rén

to shoot (vi)	射击	shè jī
rifle	火枪	huǒ qiāng
bullet (shell)	枪弹	qiāng dàn
shot (lead balls)	铅沙弹	qiān shā dàn

trap (e.g., bear ~)	陷阱	xiàn jǐng
snare (for birds, etc.)	罗网	luó wǎng
to lay a trap	陷阱	xiàn jǐng

poacher	偷猎者	tōu liè zhě
game (in hunting)	猎物	liè wù
hound dog	猎犬	liè quǎn
safari	游猎	yóu liè
mounted animal	动物标本	dòng wù biāo běn

fisherman	渔夫	yú fū
fishing	钓鱼	diào yú
to fish (vi)	钓鱼	diào yú

| fishing rod | 钓竿 | diào gān |
| fishing line | 钓鱼线 | diào yú xiàn |

hook	鱼钩	yú gōu
float	浮漂	fú piāo
bait	饵	ěr
to cast a line	抛鱼线	pāo yú xiàn

to bite (ab. fish)	上钩	shàng gōu
catch (of fish)	捕鱼总量	bǔ yú zǒng liàng
ice-hole	冰窟窿	bīng kūlong
fishing net	鱼网	yú wǎng
boat	小船	xiǎo chuán
to net (catch with net)	用网捕	yòng wǎng bǔ
to cast the net	撒鱼网	sā yú wǎng
to haul in the net	拉鱼网	lā yú wǎng
whaler (person)	捕鲸者	bǔ jīng zhě
whaleboat	捕鲸船	bǔ jīng chuán
harpoon	大鱼叉	dà yú chā

159. Games. Billiards

billiards	台球	tái qiú
billiard room, hall	台球室	tái qiú shì
ball	球	qiú
to pocket a ball	进球	jìn qiú
cue	台球杆	tái qiú gān
pocket	球袋	qiú dài

160. Games. Playing cards

diamonds	红方块	hóng fāng kuài
spades	黑挑	hēi tiǎo
hearts	红挑	hóng tiǎo
clubs	梅花	méi huā
ace	A纸牌	A zhǐ pái
king	老K	lǎo kei
queen	王后，Q	wáng hòu, kyu
jack, knave	杰克	jié kè
playing card	纸牌	zhǐ pái
cards	纸牌	zhǐ pái
trump	王牌	wáng pái
deck of cards	一副纸牌	yī fù zhǐ pái
to deal (vi, vt)	发牌	fā pái
to shuffle (cards)	洗牌	xǐ pái
lead, turn (n)	一出	yīchū
cardsharp	老千	lǎo qiān

161. Casino. Roulette

casino	赌场	dǔ chǎng
roulette (game)	轮盘赌	lún pán dǔ
bet, stake	赌注	dǔ zhù
to place bets	下赌注	xià dǔ zhù
red	红色	hóng sè
black	黑色	hēi sè
to bet on red	投注红色	tóu zhù hóng sè
to bet on black	投注黑色	tóu zhù hēi sè
croupier (dealer)	庄荷	zhuāng hè
rules (of game)	规则	guī zé
chip	筹码	chóu mǎ
to win (vi, vt)	赢, 获胜	yíng, huò shèng
winnings	赢得的钱	yíng dé de qián
to lose (~ 100 dollars)	输掉	shū diào
loss	损失	sǔn shī
player	赌徒	dǔ tú
blackjack (card game)	二十一点	èrshí yī diǎn
craps (dice game)	骰子	tóu zi
slot machine	老虎机	lǎo hǔ jī

162. Rest. Games. Miscellaneous

to walk, to stroll (vi)	散步	sàn bù
walk, stroll	散步	sàn bù
road trip	游玩	yóu wán
adventure	冒险	mào xiǎn
picnic	野餐	yě cān
game (chess, etc.)	游戏	yóu xì
player	选手	xuǎn shǒu
game (one ~ of chess)	一局, 一盘	yī jú, yī pán
collector (e.g., philatelist)	收藏家	shōu cáng jiā
to collect (vt)	收藏	shōu cáng
collection	收藏品	shōu cáng pǐn
crossword puzzle	纵横字谜	zòng héng zì mí
racetrack (hippodrome)	赛马场	sài mǎ chǎng
discotheque	迪斯科舞厅	dí sī kē wǔ tīng
sauna	蒸气浴	zhēng qì yù
lottery	彩票	cǎi piào

camping trip	旅行	lǚ xíng
camp	野营地	yě yíng dì
tent (for camping)	帐篷	zhàng peng
compass	指南针	zhǐ nán zhēn
camper	露营者	lù yíng zhě

to watch (movie, etc.)	看	kàn
viewer	电视观众	diàn shì guān zhòng
TV show	电视节目	diàn shì jié mù

163. Photography

| camera (photo) | 照相机 | zhào xiàng jī |
| photo, picture | 照片 | zhào piàn |

photographer	摄影师	shè yǐng shī
photo studio	照相馆	zhào xiàng guǎn
photo album	相册	xiàng cè

camera lens	镜头	jìng tóu
telephoto lens	长焦镜头	cháng jiāo jìngtóu
filter	滤镜	lǜ jìng
lens	透镜	tòu jìng

optics (high-quality ~)	套机镜头	tào jī jìng tóu
diaphragm (aperture)	光圈	guāng quān
exposure time	曝光时间	pù guāng shí jiān
viewfinder	取景器	qǔ jǐng qì

digital camera	数码相机	shù mǎ xiàng jī
tripod	三角架	sān jiǎo jià
flash	闪光灯	shǎn guāng dēng

to photograph (vt)	拍照	pāi zhào
to take pictures	拍照	pāi zhào
to be photographed	照相	zhào xiàng

focus	焦点	jiāo diǎn
to adjust the focus	调整焦距	tiáo zhěng jiāo jù
sharp, in focus (adj)	清晰的	qīng xī de
sharpness	清晰度	qīng xī dù

| contrast | 反差 | fǎn chā |
| contrasty (adj) | 反差的 | fǎn chā de |

picture (photo)	照片	zhào piàn
negative (n)	负片	fù piàn
film (a roll of ~)	胶卷	jiāo juǎn
frame (still)	相框	xiàng kuàng
to print (photos)	打印	dǎ yìn

164. Beach. Swimming

beach	沙滩	shā tān
sand	沙，沙子	shā, shā zi
deserted (beach)	沙漠的	shā mò de
suntan	晒黑	shài hēi
to get a tan	晒黑	shài hēi
tan (adj)	晒黑的	shài hēi de
sunscreen	防晒油	fáng shài yóu
bikini	比基尼	bǐjīní
bathing suit	游泳衣	yóu yǒng yī
swim briefs	游泳裤	yóu yǒng kù
swimming pool	游泳池	yóu yǒng chí
to swim (vi)	游泳	yóuyǒng
shower	淋浴	lín yù
to change (one's clothes)	换衣服	huàn yī fu
towel	毛巾	máo jīn
boat	小船	xiǎo chuán
motorboat	汽艇	qì tǐng
water ski	滑水橇	huá shuǐ qiāo
paddle boat	水上单车	shuǐ shàng dān chē
surfing	冲浪	chōng làng
surfer	冲浪者	chōng làng zhě
scuba set	水肺	shuǐ fèi
flippers (swimfins)	脚蹼	jiǎo pǔ
mask	潜水面罩	qián shuǐ miàn zhào
diver	潜水者	qián shuǐ zhě
to dive (vi)	跳水	tiào shuǐ
underwater (adv)	在水下	zài shuǐ xià
beach umbrella	太阳伞	tài yáng sǎn
beach chair	躺椅	tǎng yǐ
sunglasses	太阳镜	tài yáng jìng
air mattress	充气床垫	chōngqì chuángdiàn
to play (amuse oneself)	玩	wán
to go for a swim	去游泳	qù yóu yǒng
beach ball	沙滩球	shā tān qiú
to inflate (vt)	用泵	yòng bèng
inflatable, air- (adj)	可充气的	kě chōng qì de
wave	波浪	bō làng
buoy	浮标	fú biāo
to drown (ab. person)	溺死	nì sǐ

to save, to rescue	救出	jiù chū
life vest	救生衣	jiù shēng yī
to observe, to watch	观察	guān chá
lifeguard	救生员	jiù shēng yuán

TECHNICAL EQUIPMENT. TRANSPORTATION

Technical equipment

165. Computer

computer	电脑	diàn nǎo
notebook, laptop	笔记本电脑	bǐ jì běn diàn nǎo
to turn on	打开	dǎ kāi
to turn off	关	guān
keyboard	键盘	jiàn pán
key	键	jiàn
mouse	鼠标	shǔ biāo
mouse pad	鼠标垫	shǔ biāo diàn
button	按钮	àn niǔ
cursor	光标	guāng biāo
monitor	监视器	jiān shì qì
screen	屏幕	píng mù
hard disk	硬盘	yìng pán
hard disk volume	硬盘容量	yìng pán róngliàng
memory	内存	nèi cún
random access memory	随机存储器	suí jī cún chǔ qì
file	文件	wén jiàn
folder	文件夹	wén jiàn jiā
to open (vt)	打开	dǎ kāi
to close (vt)	关闭	guān bì
to save (vt)	保存	bǎo cún
to delete (vt)	删除	shān chú
to copy (vt)	复制	fù zhì
to sort (vt)	排序	pái xù
to transfer (copy)	复制	fù zhì
program	程序	chéng xù
software	软件	ruǎn jiàn
programmer	程序员	chéng xù yuán
to program (vt)	编制程序	biān zhì chéng xù
hacker	黑客	hēi kè
password	密码	mì mǎ

| virus | 病毒 | bìng dú |
| to find, to detect | 发现 | fā xiàn |

| byte | 字节 | zìjié |
| megabyte | 兆字节 | zhào zìjié |

| data | 数据 | shù jù |
| database | 数据库 | shù jù kù |

cable (USB, etc.)	电缆	diàn lǎn
to disconnect (vt)	断开	duàn kāi
to connect (sth to sth)	连接	lián jiē

166. Internet. E-mail

Internet	因特网	yīn tè wǎng
browser	浏览器	liú lǎn qì
search engine	搜索引擎	sōu suǒ yǐn qíng
provider	互联网服务供应商	hù lián wǎng fú wù gōng yìng shāng

web master	网站管理员	wǎng zhàn guǎnlǐyuán
website	网站	wǎng zhàn
web page	网页	wǎng yè

| address | 地址 | dì zhǐ |
| address book | 通讯录 | tōng xùn lù |

| mailbox | 邮箱 | yóu xiāng |
| mail | 邮件 | yóu jiàn |

message	邮件消息	yóujiàn xiāoxi
sender	发信人	fā xìn rén
to send (vt)	发信	fā xìn
sending (of mail)	发信	fā xìn

| receiver | 收信人 | shōu xìn rén |
| to receive (vt) | 收到 | shōu dào |

| correspondence | 通信 | tōng xìn |
| to correspond (vi) | 通信 | tōng xìn |

file	文件	wén jiàn
to download (vt)	下载	xià zǎi
to create (vt)	创造	chuàng zào
to delete (vt)	删除	shān chú
deleted (adj)	删除的	shān chú de

| connection (ADSL, etc.) | 连接 | lián jiē |
| speed | 速度 | sù dù |

modem	调制解调器	tiáo zhì jiě diào qì
access	存取	cún qǔ
port (e.g., input ~)	端口	duān kǒu
connection (make a ~)	连接	lián jiē
to connect to ... (vi)	连接	lián jiē
to select (vt)	选	xuǎn
to search (for ...)	搜寻	sōu xún

167. Electricity

electricity	电	diàn
electrical (adj)	电动的	diàn dòng de
electric power station	发电厂	fā diàn chǎng
energy	电能	diàn néng
electric power	电力	diàn lì
light bulb	灯泡	dēng pào
flashlight	手电筒	shǒu diàn tǒng
street light	路灯，街灯	lù dēng, jiē dēng
light	电灯	diàn dēng
to turn on	打开	dǎ kāi
to turn off	关	guān
to turn off the light	关灯	guān dēng
to burn out (vi)	烧坏	shāo huài
short circuit	短路	duǎn lù
broken wire	断线	duàn xiàn
contact	触点	chù diǎn
light switch	开关	kāi guān
wall socket	插座	chā zuò
plug	插头	chā tóu
extension cord	延长线	yán cháng xiàn
fuse	保险丝	bǎo xiǎn sī
cable, wire	电线	diàn xiàn
wiring	电气配线	diàn qì pèi xiàn
ampere	安培	ān péi
amperage	电流强度	diàn liú qiáng dù
volt	伏，伏特	fú, fú tè
voltage	伏特数	fú tè shù
electrical device	电动仪器	diàn dòng yí qì
indicator	指示灯	zhǐ shì dēng
electrician	电工	diàn gōng
to solder (vt)	焊接	hàn jiē

| soldering iron | 烙铁 | lào tiě |
| electric current | 电流 | diàn liú |

168. Tools

tool, instrument	工具	gōng jù
tools	工具	gōng jù
equipment (factory ~)	设备	shè bèi

hammer	锤子	chuí zi
screwdriver	螺丝刀	luó sī dāo
ax	斧子	fǔzi

saw	锯	jù
to saw (vt)	锯	jù
plane (tool)	刨子	bào zi
to plane (vt)	刨, 刨平	bào, páo píng
soldering iron	烙铁	lào tiě
to solder (vt)	焊接	hàn jiē

file (for metal)	锉刀	cuò dāo
carpenter pincers	胡桃钳	hú táo qián
lineman's pliers	电工钳	diàn gōng qián
chisel	凿子	záo zi

drill bit	钻头	zuàn tóu
electric drill	电钻	diàn zuàn
to drill (vi, vt)	钻	zuàn

knife	刀, 刀子	dāo, dāo zi
pocket knife	小折刀	xiǎo zhé dāo
folding (~ knife)	折, 折叠	zhé, zhé dié
blade	刀刃	dāo rèn

sharp (blade, etc.)	锋利的	fēng lì de
blunt (adj)	钝的	dùn de
to become blunt	变钝	biàn dùn
to sharpen (vt)	磨快	mó kuài

bolt	螺栓	luó shuān
nut	螺帽	luó mào
thread (of a screw)	螺纹	luó wén
wood screw	木螺钉	mù luó dīng

| nail | 钉子 | dīng zi |
| nailhead | 钉头 | dìng tóu |

ruler (for measuring)	直尺	zhí chǐ
tape measure	卷尺	juǎn chǐ
spirit level	水平尺	shuǐ píng chǐ

magnifying glass	放大镜	fàng dà jìng
measuring instrument	测量工具	cè liàng gōng jù
to measure (vt)	测量	cè liáng
scale	标尺	biāo chǐ
(of thermometer, etc.)		
readings	读数	dú shù
compressor	压气机	yā qì jī
microscope	显微镜	xiǎn wēi jìng
pump (e.g., water ~)	气筒	qì tǒng
robot	机器人	jī qì rén
laser	激光器	jī guāng qì
wrench	扳手	bān shǒu
adhesive tape	胶带	jiāo dài
glue	胶水	jiāo shuǐ
emery paper	砂纸	shā zhǐ
spring	弹簧	tán huáng
magnet	磁石	cí shí
gloves	手套	shǒu tào
rope	绳子	shéng zi
cord	线绳	xiàn shéng
wire (e.g., telephone ~)	电线	diàn xiàn
cable	电缆	diàn lǎn
sledgehammer	大锤	dà chuí
crowbar	铁撬棍	tiě qiào gùn
ladder	伸缩梯	shēn suō tī
stepladder	折梯	zhé tī
to screw (tighten)	拧紧	nǐng jǐn
to unscrew, untwist (vt)	拧开	nǐng kāi
to tighten (vt)	拧紧	nǐng jǐn
to glue, to stick	贴	tiē
to cut (vt)	切	qiē
malfunction (fault)	毛病	máo bìng
repair (mending)	修理	xiū lǐ
to repair, to mend (vt)	修理	xiū lǐ
to adjust (machine, etc.)	调整	tiáo zhěng
to check (to examine)	检查	jiǎn chá
checking	检查	jiǎn chá
readings	读数	dú shù
reliable (machine)	可靠的	kě kào de
complicated (adj)	复杂的	fù zá de
to rust (get rusted)	生锈	shēng xiù
rusty, rusted (adj)	生锈的	shēng xiù de
rust	锈	xiù

Transportation

169. Airplane

airplane	飞机	fēijī
air ticket	飞机票	fēijī piào
airline	航空公司	hángkōng gōngsī
airport	机场	jī chǎng
supersonic (adj)	超音速的	chāo yīn sù de
captain	机长	jī zhǎng
crew	机组	jī zǔ
pilot	飞行员	fēi xíng yuán
flight attendant	空姐	kōng jiě
navigator	领航员	lǐng háng yuán
wings	机翼	jī yì
tail	机尾	jī wěi
cockpit	座舱	zuò cāng
engine	发动机	fā dòng jī
undercarriage	起落架	qǐ luò jià
turbine	涡轮	wō lún
propeller	螺旋桨	luó xuán jiǎng
black box	黑匣子	hēi xiá zi
control column	飞机驾驶盘	fēijī jiàshǐpán
fuel	燃料	rán liào
safety card	指南	zhǐ nán
oxygen mask	氧气面具	yǎngqì miànjù
uniform	制服	zhì fú
life vest	救生衣	jiù shēng yī
parachute	降落伞	jiàng luò sǎn
takeoff	起飞	qǐ fēi
to take off (vi)	起飞	qǐ fēi
runway	跑道	pǎo dào
visibility	可见度	kě jiàn dù
flight (act of flying)	飞行	fēi xíng
altitude	高度	gāo dù
air pocket	气潭	qì tán
seat	座位	zuò wèi
headphones	耳机	ěr jī
folding tray	折叠托盘	zhé dié tuō pán

| airplane window | 舷窗，机窗 | xián chuāng, jī chuāng |
| aisle | 过道 | guò dào |

170. Train

train	火车	huǒ chē
suburban train	电动火车	diàndòng huǒ chē
express train	快车	kuài chē
diesel locomotive	内燃机车	nèiránjī chē
steam engine	蒸汽机车	zhēngqìjī chē
passenger car	铁路客车	tiě lù kè chē
dining car	餐车	cān chē
rails	铁轨	tiě guǐ
railroad	铁路	tiě lù
railway tie	枕木	zhěn mù
platform (railway ~)	月台	yuè tái
track (~ 1, 2, etc.)	月台	yuè tái
semaphore	臂板信号机	bìbǎn xìnhào jī
station	火车站	huǒ chē zhàn
engineer	火车司机	huǒ chē sī jī
porter (of luggage)	搬运工	bān yùn gōng
train steward	列车员	liè chē yuán
passenger	乘客	chéng kè
conductor	列车员	liè chē yuán
corridor (in train)	走廊	zǒu láng
emergency break	紧急制动器	jǐn jí zhì dòng qì
compartment	包房	bāo fáng
berth	卧铺	wò pù
upper berth	上铺	shàng pù
lower berth	下铺	xià pù
bed linen	被单	bèi dān
ticket	票	piào
schedule	列车时刻表	lièchē shíkèbiǎo
information display	时刻表	shí kè biǎo
to leave, to depart	离开	lí kāi
departure (of train)	发车	fā chē
to arrive (ab. train)	到达	dào dá
arrival	到达	dào dá
to arrive by train	乘坐火车抵达	chéngzuò huǒchē dǐdá
to get on the train	上车	shàng chē
to get off the train	下车	xià chē

steam engine	蒸汽机车	zhēngqìjī chē
stoker, fireman	添煤工	tiān méi gōng
firebox	火箱	huǒ xiāng
coal	煤炭	méi tàn

171. Ship

| ship | 大船 | dà chuán |
| vessel | 船 | chuán |

steamship	汽船	qì chuán
riverboat	江轮	jiāng lún
ocean liner	远洋班轮	yuǎn yáng bān lún
cruiser	巡洋舰	xún yáng jiàn

yacht	快艇	kuài tǐng
tugboat	拖轮	tuō lún
barge	驳船	bó chuán
ferry	渡轮，渡船	dù lún, dù chuán

| sailing ship | 帆船 | fān chuán |
| brigantine | 双桅帆船 | shuāng wéi fān chuán |

| ice breaker | 破冰船 | pò bīng chuán |
| submarine | 潜水艇 | qián shuǐ tǐng |

boat (flat-bottomed ~)	小船	xiǎo chuán
dinghy	小艇	xiǎo tǐng
lifeboat	救生艇	jiù shēng tǐng
motorboat	汽艇	qì tǐng

captain	船长，舰长	chuán zhǎng, jiàn zhǎng
seaman	水手	shuǐ shǒu
sailor	海员	hǎi yuán
crew	船员	chuán yuán

boatswain	水手长	shuǐ shǒu zhǎng
ship's boy	小水手	xiǎo shuǐ shǒu
cook	船上厨师	chuánshàng chúshī
ship's doctor	随船医生	suí chuán yī shēng

deck	甲板	jiǎ bǎn
mast	桅	wéi
sail	帆	fān

hold	货舱	huò cāng
bow (prow)	船头	chuán tóu
stern	船尾	chuán wěi
oar	桨	jiǎng
screw propeller	螺旋桨	luó xuán jiǎng

cabin	小舱	xiǎo cāng
wardroom	旅客休息室	lǚkè xiū xī shì
engine room	轮机舱	lún jī cāng
bridge	舰桥	jiàn qiáo
radio room	无线电室	wú xiàn diàn shì
wave (radio)	波	bō
logbook	航海日志	háng hǎi rì zhì
spyglass	单筒望远镜	dān tǒng wàng yuǎn jìng
bell	钟	zhōng
flag	旗	qí
rope (mooring ~)	缆绳	lǎn shéng
knot (bowline, etc.)	结	jié
deckrail	栏杆	lán gān
gangway	舷梯	xián tī
anchor	锚	máo
to weigh anchor	起锚	qǐ máo
to drop anchor	抛锚	pāo máo
anchor chain	锚链	máo liàn
port (harbor)	港市	gǎng shì
berth, wharf	码头	mǎ tóu
to berth (moor)	系泊	jì bó
to cast off	启航	qǐ háng
trip, voyage	旅行	lǚ xíng
cruise (sea trip)	航游	háng yóu
course (route)	航向	háng xiàng
route (itinerary)	航线	háng xiàn
fairway	水路	shuǐ lù
shallows (shoal)	浅水	qiǎn shuǐ
to run aground	搁浅	gē qiǎn
storm	风暴	fēng bào
signal	信号	xìn hào
to sink (vi)	沉没	chén mò
SOS	求救信号	qiú jiù xìn hào
ring buoy	救生圈	jiù shēng quān

172. Airport

airport	机场	jī chǎng
airplane	飞机	fēijī
airline	航空公司	hángkōng gōngsī
air-traffic controller	调度员	diào dù yuán
departure	出发	chū fā

arrival	到达	dào dá
to arrive (by plane)	到达	dào dá
departure time	起飞时间	qǐ fēi shíjiān
arrival time	到达时间	dào dá shíjiān
to be delayed	晚点	wǎn diǎn
flight delay	班机晚点	bān jī wǎn diǎn
information board	航班信息板	háng bān xìn xī bǎn
information	信息	xìn xī
to announce (vt)	通知	tōng zhī
flight (e.g., next ~)	航班，班机	háng bān, bān jī
customs	海关	hǎi guān
customs officer	海关人员	hǎi guān rényuán
customs declaration	报关单	bào guān dān
to fill out the declaration	填报关单	tián bào guān dān
passport control	护照检查	hùzhào jiǎnchá
luggage	行李	xíng li
hand luggage	手提行李	shǒu tí xíng li
Lost Luggage Desk	失物招领	shī wù zhāo lǐng
luggage cart	行李车	xíng li chē
landing	着陆	zhuó lù
landing strip	跑道	pǎo dào
to land (vi)	着陆	zhuó lù
airstairs	舷梯	xián tī
check-in	办理登机	bàn lǐ dēng jī
check-in desk	办理登机手续处	bàn lǐ dēng jī shǒu xù chù
to check-in (vi)	登记	dēng jì
boarding pass	登机牌	dēng jī pái
departure gate	登机口	dēng jī kǒu
transit	中转	zhōng zhuǎn
to wait (vt)	等候	děng hòu
departure lounge	出发大厅	chū fā dà tīng
to see off	送别	sòng bié
to say goodbye	说再见	shuō zài jiàn

173. Bicycle. Motorcycle

bicycle	自行车	zìxíngchē
scooter	小轮摩托车	xiǎolún mótuōchē
motorcycle, bike	摩托车	mó tuō chē
to go by bicycle	骑自行车去	qí zìxíngchē qù
handlebars	车把	chē bǎ

pedal	脚蹬	jiǎo dēng
brakes	刹车	shā chē
bicycle seat	车座	chē zuò
pump	气筒	qì tǒng
luggage rack	后货架	hòu huò jià
front lamp	前灯	qián dēng
helmet	头盔	tóu kuī
wheel	轮子	lún zi
fender	挡泥板	dǎng ní bǎn
rim	轮圈	lún quān
spoke	辐条	fú tiáo

Cars

174. Types of cars

automobile, car	汽车	qì chē
sports car	跑车	pǎo chē
limousine	高级轿车	gāo jí jiào chē
off-road vehicle	越野车	yuè yě chē
convertible	敞篷车	bì péng chē
minibus	面包车	miàn bāo chē
ambulance	救护车	jiù hù chē
snowplow	扫雪车	sǎo xuě chē
truck	卡车	kǎ chē
tank truck	运油车	yùn yóu chē
van (small truck)	厢式货车	xiāng shì huò chē
tractor (big rig)	牵引车	qiān yǐn chē
trailer	拖车	tuō chē
comfortable (adj)	舒适的	shū shì de
second hand (adj)	二手的	èr shǒu de

175. Cars. Bodywork

hood	发动机罩	fā dòng jī zhào
fender	挡泥板	dǎng ní bǎn
roof	车顶	chē dǐng
windshield	挡风玻璃	dǎng fēng bōli
rear-view mirror	后视镜	hòu shì jìng
windshield washer	挡风玻璃清洗	dǎng fēng bōli qīng xǐ
windshield wipers	雨刷	yǔ shuā
side window	侧窗	cè chuāng
window lift	窗升降机	chuāng shēng jiàng jī
antenna	天线	tiān xiàn
sun roof	顶窗	dǐng chuāng
bumper	保险杠	bǎo xiǎn gàng
trunk	背箱	bēi xiāng
door	门	mén
door handle	门把手	mén bǎ shǒu

door lock	门锁	mén suǒ
license plate	牌照	pái zhào
muffler	消音器	xiāo yīn qì
gas tank	汽油箱	qì yóu xiāng
tail pipe	排气尾管	pái qì wěi guǎn

gas, accelerator	油门	yóu mén
pedal	踏板	tà bǎn
gas pedal	加油踏板	jiāyóu tàbǎn

brake	刹车	shā chē
brake pedal	刹车踏板	shā chē tà bǎn
to slow down (to brake)	刹车	shā chē
parking brake	手刹	shǒu chà

clutch	离合器	líhéqì
clutch pedal	离合器踏板	líhéqì tàbǎn
clutch plate	离合器圆盘	líhéqì yuánpán
shock absorber	减震器	jiǎn zhèn qì
wheel	轮	lún
spare tire	备用轮胎	bèi yòng lún tāi
hubcap	轮圈盖	lún quān gài

driving wheels	传动轮	chuán dòng lún
front-wheel drive (as adj)	前轮驱动	qián lún qū dòng
rear-wheel drive (as adj)	后轮传动	hòu lún chuán dòng
all-wheel drive (as adj)	全轮驱动	quán lún qū dòng

gearbox	变速箱	biàn sù xiāng
automatic (adj)	自动	zì dòng
mechanical (adj)	机械式	jī xiè shì
gear shift	变速杆	biàn sù gǎn

| headlight | 前灯 | qián dēng |
| headlights | 前灯 | qián dēng |

low beam	近灯	jìn dēng
high beam	远光灯	yuǎn guāng dēng
brake light	刹车灯	shā chē dēng

parking lights	位置灯	wèi shi dēng
hazard lights	危险信号灯	wēi xiǎn xìn hào dēng
fog lights	雾灯	wù dēng
turn signal	转向灯	zhuǎi xiàng dēng
back-up light	倒车灯	dào chē dēng

176. Cars. Passenger compartment

| car inside | 乘客室 | chéng kè shì |
| leather (as adj) | 皮革 ··· , 皮的 | pí gé ..., pí de |

velour (as adj)	丝绒的	sī róng de
upholstery	座椅套	zuò yǐ tào
instrument (gage)	仪表	yí biǎo
dashboard	仪表板	yí biǎo bǎn
speedometer	速度计	sù dù jì
needle (pointer)	针	zhēn
odometer	里程表	lǐ chéng biǎo
indicator (sensor)	指示灯	zhǐ shì dēng
level	液位	yè wèi
warning light	指示灯	zhǐ shì dēng
steering wheel	方向盘	fāng xiàng pán
horn	喇叭	lǎ ba
button	按钮	àn niǔ
switch	开关	kāi guān
seat	座	zuò
backrest	靠背	kào bèi
headrest	头枕	tóu zhěn
seat belt	安全带	ān quán dài
to fasten the belt	系上安全带	jìshang ān quán dài
adjustment (of seats)	调整	tiáo zhěng
airbag	安全气袋	ān quán qì dài
air-conditioner	空调	kōng tiáo
radio	汽车音响	qì chē yīn xiǎng
CD player	CD播放器	cidi bōfàngqì
to turn on	打开	dǎ kāi
antenna	天线	tiān xiàn
glove box	手套箱	shǒu tào xiāng
ashtray	烟灰缸	yān huī gāng

177. Cars. Engine

engine, motor	发动机	fā dòng jī
diesel (as adj)	柴油 ⋯	chái yóu …
gasoline (as adj)	汽油 ⋯	qì yóu …
engine volume	发动机体积	fādòngjī tíjī
power	功率	gōng lǜ
horsepower	马力	mǎ lì
piston	活塞	huó sāi
cylinder	汽缸	qì gāng
valve	气门	qì mén
injector	注射器	zhù shè qì
generator	发电机	fā diàn jī

carburetor	汽化器	qì huà qì
engine oil	机油	jī yóu
radiator	散热器	sàn rè qì
coolant	冷却液	lěng què yè
cooling fan	冷却风扇	lěngquè fēng shàn
battery (accumulator)	蓄电池	xù diàn chí
starter	起动机	qǐ dòng jī
ignition	点火装置	diǎn huǒ zhuāng zhì
spark plug	火花塞	huǒ huā sāi
terminal (of battery)	端子	duān zi
positive terminal	加号	jiā hào
negative terminal	减号	jiǎn hào
fuse	保险丝	bǎo xiǎn sī
air filter	空气滤清器	kōngqì lǚqīngqì
oil filter	机油滤清器	jīyóu lǚqīngqì
fuel filter	燃料滤清器	ránliào lǚqīngqì

178. Cars. Crash. Repair

car accident	车祸	chē huò
road accident	车祸	chē huò
to run into …	撞上 …	zhuàng shàng …
to have an accident	出事故	chū shì gù
damage	损坏	sǔn huài
intact (adj)	完好无损	wán hǎo wú sǔn
to break down (vi)	出毛病	chū máo bìng
towrope	拖缆	tuō lǎn
puncture	扎破	zhā pò
to be flat	漏气	lòu qì
to pump up	充气，打气	chōng qì, dǎ qì
pressure	压力	yā lì
to check (to examine)	检查	jiǎn chá
repair	修理	xiū lǐ
auto repair shop	汽车修理厂	qì chē xiū lǐ chǎng
spare part	零件	líng jiàn
part	部件	bù jiàn
bolt (with nut)	螺栓	luó shuān
screw bolt (without nut)	螺钉	luó dīng
nut	螺帽	luó mào
washer	垫片	diàn piàn
bearing	轴承	zhóu chéng
tube	管	guǎn

| gasket (head ~) | 垫圈 | diàn quān |
| cable, wire | 电线 | diàn xiàn |

jack	千斤顶	qiān jīn dǐng
wrench	扳手	bān shǒu
hammer	锤子	chuí zi
pump	气筒	qì tǒng
screwdriver	螺丝刀	luó sī dāo

| fire extinguisher | 灭火器 | miè huǒ qì |
| warning triangle | 三角警告牌 | sān jiǎo jǐng gào pái |

to stall (vi)	突然熄火	tū rán xī huǒ
stalling	突然熄火	tū rán xī huǒ
to be broken	抛锚	pāo máo

to overheat (vi)	变得过热	biànde guò rè
to be clogged up	堵塞	dǔ sè
to freeze up (pipes, etc.)	结冰	jié bīng
to burst (vi, ab. tube)	胀破	zhàng pò

pressure	压力	yā lì
level	液位	yè wèi
slack (~ belt)	松弛的	sōng chí de

dent	凹痕	āo hén
abnormal noise (motor)	敲缸	qiāo gāng
crack	裂纹	liè wén
scratch	划痕	huà hén

179. Cars. Road

road	路	lù
freeway	公路	gōng lù
direction (way)	方向	fāng xiàng
distance	距离	jùlí

bridge	桥	qiáo
parking lot	停车场	tíng chē cháng
square	广场	guǎng chǎng
interchange	互通式立交桥	hù tōng shì lì jiāo qiáo
tunnel	隧道	suì dào

gas station	加油站	jiā yóu zhàn
parking lot	停车场	tíng chē cháng
gas pump	气体泵	qì tǐ bèng
auto repair shop	汽车修理厂	qì chē xiū lǐ chǎng
to get gas	加汽油	jiā qì yóu
fuel	燃料	rán liào
jerrycan	汽油罐	qì yóu guàn

asphalt	柏油	bǎi yóu
road markings	道路标记	dào lù biāo jì
curb	路缘	lù yuán
guardrail	高速路护栏	gāo sù lù hù lán
ditch	边沟	biān gōu
roadside (shoulder)	路边	lù biān
lamppost	路灯，街灯	lù dēng, jiē dēng

to drive (a car)	开车	kāi chē
to turn (~ to the left)	转弯	zhuǎn wān
to make a U-turn	掉头	diào tóu
reverse (~ gear)	倒车档	dào chē dàng

to honk (vi)	鸣笛	míng dí
honk (sound)	汽车喇叭声	qìchē lǎ ba shēng
to get stuck	泥沼	ní zhǎo
to spin (in mud)	空转	kōng zhuàn
to cut, to turn off	停止	tíng zhǐ

speed	速度	sù dù
to exceed the speed limit	超速	chāo sù
to give a ticket	罚款	fá kuǎn
traffic lights	红绿灯	hóng lǜ dēng
driver's license	驾驶证	jià shǐ zhèng

grade crossing	平交道	píng jiāo dào
intersection	十字路口	shí zì lù kǒu
crosswalk	人行横道	rén xíng héng dào
bend, curve	转弯	zhuǎn wān
pedestrian zone	步行区	bù xíng qū

180. Traffic signs

rules of the road	交通规则	jiāotōng guīzé
traffic sign	标志	biāo zhì
passing (overtaking)	超车	chāo chē
curve	转弯	zhuǎn wān
U-turn	掉头	diào tóu
traffic circle	环形交叉口	huánxíng jiāochā kǒu

No entry	禁止驶入	jìnzhǐ shǐ rù
No vehicles allowed	禁止通行	jìnzhǐ tōng xíng
No passing	禁止超车	jìnzhǐ chāochē
No parking	禁止停车	jìnzhǐ tíngchē
No stopping	禁止停放	jìnzhǐ tíng fàng

dangerous turn	向右急弯路	xiàng yòu jí wān lù
steep descent	陡坡	dǒu pō
one-way traffic	单向行驶	dān xiàng xíng shǐ
crosswalk	人行横道	rén xíng héng dào

| slippery road | 小心路滑 | xiǎo xīn lù huá |
| YIELD | 让路 | ràng lù |

PEOPLE. LIFE EVENTS

Life events

181. Holidays. Event

celebration, holiday	庆典	qìng diǎn
national day	国家假日	guó jiā jià rì
public holiday	公休假日	gōng xiū jià rì
to commemorate (vt)	庆祝	qìng zhù
event (happening)	事件	shì jiàn
event (organized activity)	活动	huó dòng
banquet (party)	宴会	yàn huì
reception (formal party)	招待会	zhāo dài huì
feast	酒宴	jiǔ yàn
anniversary	周年	zhōu nián
jubilee	周年纪念	zhōu nián jì niàn
to celebrate (vt)	庆祝	qìng zhù
New Year	新年	xīn nián
Happy New Year!	新年快乐!	xīn nián kuài lè!
Christmas	圣诞节	shèng dàn jié
Merry Christmas!	圣诞 快乐!	shèng dàn kuài lè!
Christmas tree	圣诞树	shèng dàn shù
fireworks	焰火	yàn huǒ
wedding	婚礼	hūn lǐ
groom	新郎	xīn láng
bride	新娘	xīn niáng
to invite (vt)	邀请	yāo qǐng
invitation card	邀请	yāo qǐng
guest	客人	kè rén
to visit	做客	zuò kè
(~ your parents, etc.)		
to greet the guests	迎接客人	yíng jiē kè rén
gift, present	礼物	lǐ wù
to give (sth as present)	赠送	zèng sòng
to receive gifts	收到礼物	shōu dào lǐ wù
bouquet (of flowers)	花束	huā shù

congratulations	祝贺	zhù hè
to congratulate (vt)	祝贺	zhù hè
greeting card	贺年片	hènián piàn
to send a postcard	寄明信片	jì míngxìn piàn
to get a postcard	收明信片	shōu míngxìn piàn
toast	祝酒	zhù jiǔ
to offer (a drink, etc.)	给	gěi
champagne	香槟	xiāng bīn
to have fun	乐趣	lè qù
fun, merriment	娱乐	yú lè
joy (emotion)	欢欣	huān xīn
dance	舞蹈	wǔ dǎo
to dance (vi, vt)	跳舞	tiào wǔ
waltz	华尔兹	huá ěr zī
tango	探戈舞	tàn gē wǔ

182. Funerals. Burial

cemetery	墓地	mùdì
grave, tomb	墓穴	mù xué
gravestone	墓碑	mù bēi
fence	围栏	wéi lán
chapel	小教堂	xiǎo jiào táng
death	死亡	sǐ wáng
to die (vi)	死, 死亡	sǐ, sǐ wáng
the deceased	死人	sǐ rén
mourning	哀悼日	āi dào rì
to bury (vt)	埋葬	mái zàng
funeral home	殡仪馆	bìn yí guǎn
funeral	葬礼	zàng lǐ
wreath	花圈	huā quān
casket	棺材	guān cái
hearse	灵车	líng chē
shroud	裹尸布	guǒ shī bù
cremation urn	骨灰罐	gǔ huī guàn
crematory	火葬场	huǒ zàng chǎng
obituary	讣告, 讣闻	fù gào, fù wén
to cry (weep)	哭	kū
to sob (vi)	啜泣	chuò qì

183. War. Soldiers

platoon	排	pái
company	连	lián
regiment	团	tuán
army	军	jūn
division	师	shī
section, squad	小分队	xiǎo fēn duì
host (army)	军队	jūn duì
soldier	士兵	shì bīng
officer	军官	jūn guān
private	士兵，列兵	shìbīng, lièbīng
sergeant	中士	zhōng shì
lieutenant	中尉	zhōng wèi
captain	上尉	shàng wèi
major	少校	shào xiào
colonel	上校	shàng xiào
general	将军	jiāng jūn
sailor	水兵	shuǐ bīng
captain	上尉	shàng wèi
boatswain	水手长	shuǐ shǒu zhǎng
artilleryman	炮兵	pào bīng
paratrooper	伞兵	sǎn bīng
pilot	飞行员	fēi xíng yuán
navigator	领航员	lǐng háng yuán
mechanic	机修工	jī xiū gōng
pioneer (sapper)	工兵	gōng bīng
parachutist	伞兵	sǎn bīng
reconnaissance scout	侦察兵	zhēn chá bīng
sniper	狙击手	jū jī shǒu
patrol (group)	巡逻队	xún luó duì
to patrol (vt)	巡逻	xún luó
sentry, guard	哨兵	shào bīng
warrior	勇士	yǒng shì
hero	英雄	yīng xióng
heroine	女英雄	nǚ yīng xióng
patriot	爱国者	ài guó zhě
traitor	叛徒	pàn tú
deserter	逃兵	táo bīng
to desert (vi)	擅离	shàn lí
mercenary	雇佣兵	gù yōng bīng
recruit	新兵	xīn bīng

volunteer	志愿兵	zhì yuàn bīng
dead (n)	死者	sǐ zhě
wounded (n)	伤员	shāng yuán
prisoner of war	战俘	zhàn fú

184. War. Military actions. Part 1

war	战争	zhàn zhēng
to be at war	开战	kāi zhàn
civil war	内战	nèi zhàn

treacherously (adv)	背信弃义地	bèi xìn qì yì de
declaration of war	宣战	xuān zhàn
to declare (~ war)	宣战	xuān zhàn
aggression	侵略	qīn lüè
to attack (invade)	侵略	qīn lüè

to invade (vt)	侵略	qīn lüè
invader	侵略者	qīn lüè zhě
conqueror	征服者	zhēng fú zhě

defense	国防	guó fáng
to defend (a country, etc.)	保卫	bǎo wèi
to defend oneself	保卫	bǎo wèi

| enemy, hostile | 敌人 | dí rén |
| enemy (as adj) | 敌人的 | dí rén de |

| strategy | 战略 | zhàn lüè |
| tactics | 战术 | zhàn shù |

order	命令	mìng lìng
command (order)	命令	mìng lìng
to order (vt)	命令	mìng lìng
mission	任务	rèn wu
secret (adj)	秘密的	mì mì de

| battle | 会战 | huì zhàn |
| combat | 战斗 | zhàn dòu |

attack	袭击	xí jī
storming (assault)	攻陷，猛攻	gōng xiàn, měng gōng
to storm (vt)	猛攻	měng gōng
siege (to be under ~)	包围	bāo wéi

| offensive (n) | 进攻 | jìn gōng |
| to go on the offensive | 进攻 | jìn gōng |

| retreat | 退却 | tuì què |
| to retreat (vi) | 退却 | tuì què |

encirclement	包围	bāo wéi
to encircle (vt)	包围	bāo wéi
bombing (by aircraft)	轰炸	hōng zhà
to drop a bomb	投弹	tóu dàn
to bomb (vt)	轰炸	hōng zhà
explosion	爆炸	bào zhà
shot	射击	shè jī
to fire a shot	射击	shè jī
firing (burst of ~)	枪击事件	qiāng jī shì jiàn
to take aim (at …)	瞄准	miáo zhǔn
to point (a gun)	瞄准	miáo zhǔn
to hit (the target)	击中	jī zhòng
to sink (~ a ship)	击沉	jī chén
hole (in a ship)	洞	dòng
to founder, to sink (vi)	沉没	chén mò
front (war ~)	前线	qián xiàn
rear (homefront)	后方	hòu fāng
evacuation	疏散	shū sàn
to evacuate (vt)	疏散	shū sàn
barbwire	倒钩铁丝	dǎo gōu tiě sī
barrier (anti tank ~)	障碍物	zhàng ài wù
watchtower	岗楼	gǎng lóu
hospital	医院	yī yuàn
to wound (vt)	打伤	dǎ shāng
wound	伤口	shāng kǒu
wounded (n)	伤员	shāng yuán
to be wounded	受伤	shòu shāng
serious (wound)	严重的	yán zhòng de

185. War. Military actions. Part 2

captivity	囚禁	qiú jìn
to take captive	俘虏	fúlǔ
to be in captivity	当 ⋯ 俘虏	dāng … fúlǔ
to be taken prisoner	被 ⋯ 俘虏	bèi … fúlǔ
concentration camp	集中营	jí zhōng yíng
prisoner of war	战俘	zhàn fú
to escape (vi)	逃脱	táo tuō
to betray (vt)	背叛	bèi pàn
betrayer	叛徒	pàn tú
betrayal	背叛	bèi pàn

to execute (shoot)	枪决	qiāng jué
execution (by firing squad)	枪毙	qiāng bì
equipment (military gear)	制服	zhì fú
shoulder board	肩章	jiān zhāng
gas mask	防毒面具	fáng dú miàn jù
radio transmitter	无线电台	wú xiàn diàn tái
cipher, code	密码	mì mǎ
secrecy	秘密活动	mì mì huó dòng
password	口令	kǒu lìng
land mine	地雷	dì léi
to mine (road, etc.)	布雷	bù léi
minefield	地雷区	dì léi qū
air-raid warning	防空警报	fáng kōng jǐng bào
alarm (warning)	警报	jǐng bào
signal	信号	xìn hào
signal flare	信号弹	xìn hào dàn
headquarters	司令部	sī lìng bù
reconnaissance	侦察	zhēn chá
situation	情况	qíng kuàng
report	报告	bào gào
ambush	埋伏	mái fu
reinforcement (of army)	增援部队	zēng yuán bù duì
target	靶子	bǎ zi
proving ground	靶场	bǎ chǎng
military exercise	演习	yǎn xí
panic	惊慌	jīng huāng
devastation	破坏	pò huài
destruction, ruins	废墟	fèi xū
to destroy (vt)	破坏	pò huài
to survive (vi, vt)	活下来	huó xiàlai
to disarm (vt)	解除武装	jiěchú wǔzhuāng
to handle (~ a gun)	操纵	cāo zòng
Attention!	立正!	lì zhèng!
At ease!	稍息!	shào xī
feat (of courage)	英雄业绩	yīng xióng yèjì
oath (vow)	誓言	shì yán
to swear (an oath)	发誓	fā shì
decoration (medal, etc.)	勋章	xūn zhāng
to award (give medal to)	奖赏	jiǎng shǎng
medal	奖章	jiǎng zhāng
order (e.g., ~ of Merit)	勋章	xūn zhāng

victory	胜利	shèng lì
defeat	失败	shī bài
armistice	休战	xiū zhàn

banner (standard)	旗	qí
glory (honor, fame)	光荣	guāng róng
parade	阅兵	yuè bīng
to march (on parade)	列队行进	liè duì xíng jìn

186. Weapons

weapons	武器	wǔ qì
firearm	火器	huǒ qì
cold weapons (knives, etc.)	冷兵器	lěng bīng qì

chemical weapons	化学武器	huà xué wǔ qì
nuclear (adj)	核 ···	hé ...
nuclear weapons	核武器	hé wǔ qì

| bomb | 炸弹 | zhà dàn |
| atomic bomb | 原子弹 | yuán zǐ dàn |

pistol (gun)	手枪	shǒu qiāng
rifle	火枪	huǒ qiāng
submachine gun	冲锋枪	chōng fēng qiāng
machine gun	机枪	jī qiāng

muzzle	枪口	qiāng kǒu
barrel	枪管	qiāng guǎn
caliber	口径	kǒu jìng

trigger	扳机	bān jī
sight (aiming device)	瞄准器	miáo zhǔn qì
magazine	弹匣	dàn xiá
butt (of rifle)	枪托	qiāng tuō

| hand grenade | 手榴弹 | shǒu liú dàn |
| explosive | 炸药 | zhà yào |

bullet	子弹	zǐdàn
cartridge	枪弹	qiāng dàn
charge	弹药，火药	dàn yào, huǒ yào
ammunition	弹药	dàn yào

bomber (aircraft)	轰炸机	hōng zhà jī
fighter	歼击机	jiān jī jī
helicopter	直升飞机	zhí shēng fēi jī
anti-aircraft gun	高射炮	gāo shè pào
tank	坦克	tǎn kè

tank gun	坦克炮	tǎn kè pào
artillery	炮	pào
to lay (a gun)	瞄准	miáo zhǔn
shell (projectile)	炮弹	pào dàn
mortar bomb	迫击炮榴弹	pǎi jī pào liú dàn
mortar	迫击炮	pǎi jī pào
splinter (shell fragment)	碎片	suì piàn
submarine	潜水艇	qián shuǐ tǐng
torpedo	鱼雷	yú léi
missile	导弹	dǎo dàn
to load (gun)	装弹	zhuāng dàn
to shoot (vi)	射击	shè jī
to point at (the cannon)	瞄准	miáo zhǔn
bayonet	刺刀	cìdāo
epee	重剑	zhòng jiàn
saber (e.g., cavalry ~)	马刀	mǎ dāo
spear (weapon)	矛	máo
bow	弓	gōng
arrow	箭	jiàn
musket	火枪	huǒ qiāng
crossbow	弩，石弓	nǔ, shí gōng

187. Ancient people

primitive (prehistoric)	原始的	yuán shǐ de
prehistoric (adj)	史前的	shǐ qián de
ancient (~ civilization)	古代的	gǔ dài de
Stone Age	石器时代	shí qì shí dài
Bronze Age	青铜时代	qīng tóng shí dài
Ice Age	冰河时代	bīng hé shí dài
tribe	部落	bù luò
cannibal	食人族	shí rén zú
hunter	猎人	liè rén
to hunt (vi, vt)	打猎	dǎ liè
mammoth	猛犸	měng mǎ
cave	洞穴	dòng xué
fire	火	huǒ
campfire	火堆	huǒ duī
rock painting	岩画	yán huà
tool (e.g., stone ax)	工具	gōng jù
spear	矛	máo
stone ax	石斧子	shí fǔ zi

to be at war	开战	kāi zhàn
to domesticate (vt)	驯养	xùn yǎng
idol	偶像	ǒu xiàng
to worship (vt)	崇拜	chóng bài
superstition	迷信	mí xìn
evolution	进化	jìn huà
development	发展	fā zhǎn
disappearance (extinction)	消失	xiāo shī
to adapt oneself	适应	shì yìng
archeology	考古学	kǎo gǔ xué
archeologist	考古学家	kǎo gǔ xué jiā
archeological (adj)	考古学的	kǎo gǔ xué de
excavation site	考古发掘现场	kǎo gǔ fā jué xiàn chǎng
excavations	考古发掘工作	kǎo gǔ fā jué gōng zuò
find (object)	发现	fā xiàn
fragment	碎片，碎块	suì piàn, suì kuài

188. Middle Ages

people (ethnic group)	民族	mín zú
peoples	民族	mín zú
tribe	部落	bù luò
tribes	部落	bù luò
barbarians	野蛮人	yě mán rén
Gauls	高卢人	gāo lú rén
Goths	哥特人	gē tè rén
Slavs	斯拉夫人	sī lā fū rén
Vikings	北欧海盗	běi ōu hǎi dào
Romans	古罗马人	gǔ luó mǎ rén
Roman (adj)	罗马的	luó mǎ de
Byzantines	拜占庭人	bàizhàntíng rén
Byzantium	拜占庭	bàizhàntíng
Byzantine (adj)	拜占庭的	bàizhàntíng de
emperor	皇帝	huáng dì
leader, chief	领袖	lǐng xiù
powerful (~ king)	强大的	qiáng dà de
king	国王	guó wáng
ruler (sovereign)	统治者	tǒng zhì zhě
knight	骑士	qí shì
feudal lord	封建主	fēng jiàn zhǔ
feudal (adj)	封建的	fēng jiàn de

vassal	封臣	fēng chén
duke	公爵	gōng jué
earl	伯爵	bó jué
baron	男爵	nán jué
bishop	主教	zhǔ jiào
armor	盔甲	kuī jiǎ
shield	盾牌	dùn pái
sword	剑	jiàn
visor	面甲	miàn jiǎ
chainmail	锁子甲	suǒ zǐ jiǎ
crusade	十字军远征	shízìjūn yuǎnzhēng
crusader	十字军战士	shízìjūn zhànshì
territory	领土	lǐng tǔ
to attack (invade)	侵略	qīn lüè
to conquer (vt)	征服	zhēng fú
to occupy (invade)	侵占	qīn zhàn
siege (to be under ~)	包围	bāo wéi
besieged (adj)	包围的	bāo wéi de
to besiege (vt)	包围	bāo wéi
inquisition	宗教裁判所	zōngjiào cáipàn suǒ
inquisitor	宗教裁判者	zōngjiào cáipàn zhě
torture	拷打	kǎo dǎ
cruel (adj)	残酷的	cán kù de
heretic	异教徒	yì jiào tú
heresy	异教	yì jiào
seafaring	航海	háng hǎi
pirate	海盗	hǎi dào
piracy	海盗行为	hǎi dào xíng wéi
boarding (attack)	接舷战	jiē xián zhàn
loot, booty	赃物	zāng wù
treasures	宝物	bǎo wù
discovery	发现	fā xiàn
to discover (new land, etc.)	发现	fā xiàn
expedition	探险	tàn xiǎn
musketeer	火枪兵	huǒ qiāng bīng
cardinal	红衣主教	hóng yī zhǔ jiào
heraldry	徽章学	huī zhāng xué
heraldic (adj)	徽章学的	huī zhāng xué de

189. Leader. Chief. Authorities

king	国王	guó wáng
queen	王后，女王	wáng hòu, nǚ wáng

| royal (adj) | 皇家的 | huáng jiā de |
| kingdom | 王国 | wáng guó |

| prince | 王子 | wáng zǐ |
| princess | 公主 | gōng zhǔ |

president	总统	zǒng tǒng
vice-president	副总统	fù zǒng tǒng
senator	参议院	cān yì yuàn

monarch	君主	jūn zhǔ
ruler (sovereign)	统治者	tǒng zhì zhě
dictator	独裁者	dú cái zhě
tyrant	暴君	bào jūn
magnate	大亨	dà hēng

director	经理	jīng lǐ
chief	老板	lǎo bǎn
manager (director)	主管人	zhǔ guǎn rén
boss	老板	lǎo bǎn
owner	业主	yè zhǔ

head (~ of delegation)	团长	tuán zhǎng
authorities	当局	dāng jú
superiors	管理层	guǎn lǐ céng

governor	省长	shěng zhǎng
consul	领事	lǐng shì
diplomat	外交官	wài jiāo guān
mayor	市长	shì zhǎng
sheriff	县治安官	xiàn zhì ān guān

emperor	皇帝	huáng dì
tsar, czar	沙皇	shā huáng
pharaoh	法老	fǎ lǎo
khan	可汗	kè hán

190. Road. Way. Directions

| road | 路 | lù |
| way (direction) | 道路 | dào lù |

| freeway | 公路 | gōng lù |
| interstate | 国家 | guó jiā |

| main road | 主干道 | zhǔ gàn dào |
| dirt road | 土路 | tǔ lù |

| pathway | 小路 | xiǎo lù |
| footpath (troddenpath) | 小道 | xiǎo dào |

Where?	在哪儿?	zài nǎr?
Where (to)?	到哪儿?	dào nǎr?
Where ... from?	从哪儿来?	cóng nǎr lái?

| direction (way) | 方向 | fāng xiàng |
| to point (~ the way) | 指出 | zhǐ chū |

to the left	往左	wàng zuǒ
to the right	往右	wàng yòu
straight ahead (adv)	一直向前	yī zhí xiàng qián
back (e.g., to turn ~)	往后	wàng hòu

bend, curve	转弯	zhuǎn wān
to turn (~ to the left)	转弯	zhuǎn wān
to make a U-turn	掉头	diào tóu

| to be visible | 可见 | kě jiàn |
| to appear (come into view) | 出现 | chū xiàn |

stop, halt (in journey)	停止	tíng zhǐ
to rest, to halt (vi)	休息	xiū xi
rest (pause)	休息	xiū xi

to lose one's way	迷路	mí lù
to lead to ... (ab. road)	通	tōng
to arrive at ...	到达	dào dá
stretch (of road)	一段路	yī duàn lù

asphalt	柏油	bǎi yóu
curb	路缘	lù yuán
ditch	边沟	biān gōu
manhole	人孔	rén kǒng
roadside (shoulder)	路边	lù biān
pit, pothole	路面坑洞	lù miàn kēng dòng

| to go (on foot) | 走 | zǒu |
| to pass (overtake) | 超过 | chāo guò |

| step (footstep) | 步伐 | bù fá |
| on foot (adv) | 步行 | bù xíng |

to block (road)	封锁	fēng suǒ
boom barrier	道闸机	dào zhá jī
dead end	死胡同	sǐ hú tòng

191. Breaking the law. Criminals. Part 1

bandit	匪徒	fěi tú
crime	罪行	zuì xíng
criminal (person)	罪犯	zuì fàn

thief	小偷	xiǎo tōu
to steal (vi, vt)	偷窃	tōu qiè
stealing (larceny)	偷盗	tōu dào
theft	偷窃	tōu qiè
to kidnap (vt)	绑票	bǎng piào
kidnapping	绑架罪	bǎng jià zuì
kidnapper	绑票者	bǎng piào zhě
ransom	赎金	shú jīn
to demand ransom	要赎金	yào shú jīn
to rob (vt)	抢劫	qiǎng jié
robber	抢劫犯	qiǎng jié fàn
to extort (vt)	敲诈	qiāo zhà
extortionist	敲诈者	qiāo zhà zhě
extortion	敲诈罪	qiāo zhà zuì
to murder, to kill	杀死	shā sǐ
murder	杀人	shā rén
murderer	杀人犯	shā rén fàn
gunshot	射击	shè jī
to fire a shot	射击	shè jī
to shoot to death	枪杀	qiāng shā
to shoot (vi)	射击	shè jī
shooting	枪击事件	qiāng jī shì jiàn
incident (fight, etc.)	事故	shì gù
fight, brawl	打架，打斗	dǎ jià, dǎ dòu
Help!	救命!	jiù mìng!
victim	受害者	shòu hài zhě
to damage (vt)	毁坏	huǐ huài
damage	损失	sǔn shī
dead body	尸体	shī tǐ
grave (~ crime)	严重的	yán zhòng de
to attack (vt)	攻击	gōng jī
to beat (dog, person)	打	dǎ
to beat up	痛打	tòng dǎ
to take (rob of sth)	夺走	duó zǒu
to stab to death	捅死	tǒng sǐ
to maim (vt)	把 … 打成残废	bǎ … dǎchéng cánfèi
to wound (vt)	打伤	dǎ shāng
blackmail	勒索	lè suǒ
to blackmail (vt)	勒索	lè suǒ
blackmailer	勒索者	lè suǒ zhě
protection racket	敲诈罪	qiāo zhà zuì
racketeer	敲诈者	qiāo zhà zhě

gangster	歹徒	dǎi tú
mafia, Mob	黑手党	hēi shǒu dǎng
pickpocket	小偷	xiǎo tōu
burglar	破门盗窃者	pò mén dào qiè zhě
smuggling	走私	zǒu sī
smuggler	走私者	zǒu sī zhě
forgery	伪造品	wěi zào pǐn
to forge (counterfeit)	伪造	wěi zào
fake (forged)	伪造的	wěi zào de

192. Breaking the law. Criminals. Part 2

rape	强奸	qiáng jiān
to rape (vt)	强奸	qiáng jiān
rapist	强奸犯	qiáng jiān fàn
maniac	疯子	fēng zi
prostitute (fem.)	卖淫者，妓女	mài yín zhě, jì nǚ
prostitution	卖淫	mài yín
pimp	皮条客	pí tiáo kè
drug addict	吸毒者	xī dú zhě
drug dealer	毒贩子	dú fàn zi
to blow up (bomb)	炸毁	zhà huǐ
explosion	爆炸	bào zhà
to set fire	放火	fàng huǒ
incendiary (arsonist)	纵火犯	zòng huǒ fàn
terrorism	恐怖主义	kǒng bù zhǔ yì
terrorist	恐怖分子	kǒng bù fèn zǐ
hostage	人质	rén zhì
to swindle (vt)	欺骗	qī piàn
swindle	欺骗行为	qī piàn xíng wéi
swindler	骗子	piàn zi
to bribe (vt)	贿赂	huì lù
bribery	贿赂	huì lù
bribe	贿赂	huì lù
poison	毒物，毒药	dú wù, dú yào
to poison (vt)	毒死	dú sǐ
to poison oneself	服毒自杀	fú dú zì shā
suicide (act)	自杀	zì shā
suicide (person)	自杀者	zì shā zhě
to threaten (vt)	威胁	wēi xié

threat	威胁	wēi xié
to make an attempt	犯罪未遂	fànzuì wèisuì
attempt (attack)	杀人企图	shā rén qǐ tú
to steal (a car)	偷	tōu
to hijack (a plane)	劫持	jié chí
revenge	报仇	bào chóu
to revenge (vt)	报 … 之仇	bào … zhī chóu
to torture (vt)	拷打	kǎo dǎ
torture	拷打	kǎo dǎ
to torment (vt)	虐待	nüè dài
pirate	海盗	hǎi dào
hooligan	流氓	liú máng
armed (adj)	携带武器的	xié dài wǔ qì de
violence	暴力	bào lì
spying (n)	间谍活动	jiàn dié huó dòng
to spy (vi)	充当间谍	chōng dāng jiàn dié

193. Police. Law. Part 1

justice	司法	sī fǎ
court (court room)	法院	fǎ yuàn
judge	法官	fǎ guān
jurors	陪审团成员	péi shěn tuán chéng yuán
jury trial	陪审团审判	péi shěn tuán shěn pàn
to judge (vt)	审判	shěn pàn
lawyer, attorney	辩护人	biàn hù rén
accused	被告	bèi gào
dock	被告席	bèi gào xí
charge	指控	zhǐ kòng
accused	被告	bèi gào
sentence	判决	pàn jué
to sentence (vt)	判处	pàn chǔ
guilty (culprit)	有罪的人	yǒu zuì de rén
to punish (vt)	惩罚	chéng fá
punishment	惩罚	chéng fá
fine (penalty)	罚款	fá kuǎn
life imprisonment	无期徒刑	wú qī tú xíng
death penalty	死刑	sǐ xíng
electric chair	电椅	diàn yǐ

gallows	绞刑架	jiǎo xíng jià
to execute (vt)	处决	chǔ jué
execution	死刑	sǐ xíng
prison, jail	监狱	jiā nyù
cell	单人牢房	dān rén láo fáng
escort	护送队	hù sòng duì
prison guard	狱警	yù jǐng
prisoner	犯人，囚犯	fàn rén, qiú fàn
handcuffs	手铐	shǒu kào
to handcuff (vt)	戴上手铐	dài shang shǒu kào
prison break	逃跑	táo pǎo
to break out (vi)	逃跑	táo pǎo
to disappear (vi)	消失	xiāo shī
to release (from prison)	获释	huò shì
amnesty	赦免	shè miǎn
police	警察	jǐng chá
police officer	警察	jǐng chá
police station	警察局	jǐng chá jú
billy club	警棍	jǐng gùn
bullhorn	扩音器	kuò yīn qì
patrol car	巡逻车	xún luó chē
siren	警报器	jǐng bào qì
to turn on the siren	开警报器	kāi jǐng bào qì
siren call	警报器声	jǐng bào qì shēng
crime scene	犯罪现场	fànzuì xiànchǎng
witness	目击者	mù jī zhě
freedom	自由	zì yóu
accomplice	同犯，共犯	tóng fàn, gòng fàn
to flee (vi)	逃脱	táo tuō
trace (to leave a ~)	脚印	jiǎo yìn

194. Police. Law. Part 2

search (investigation)	寻找	xún zhǎo
to look for ...	寻找	xún zhǎo
suspicion	怀疑	huái yí
suspicious (suspect)	令人怀疑的	lìng rén huái yí de
to stop (cause to halt)	拦住	lán zhù
to detain (keep in custody)	扣押，拘留	kòu yā, jū liú
case (lawsuit)	案件，案子	àn jiàn, àn zi
investigation	侦查	zhēn chá
detective	侦探	zhēn tàn

investigator	侦查员	zhēn chá yuán
hypothesis	说法	shuō fa
motive	动机	dòng jī
interrogation	讯问, 审问	xùn wèn, shěn wèn
to interrogate (vt)	审问	shěn wèn
to question (vt)	询问	xún wèn
check (identity ~)	检查	jiǎn chá
round-up	围捕	wéi bǔ
search (~ warrant)	搜查	sōu chá
chase (pursuit)	追捕	zhuī bǔ
to pursue, to chase	追踪	zhuī zōng
to track (a criminal)	监视	jiān shì
arrest	逮捕	dài bǔ
to arrest (sb)	拘捕	jū bǔ
to catch (thief, etc.)	逮住	dǎi zhù
capture	捕获	bǔ huò
document	文件	wén jiàn
proof (evidence)	证据	zhèng jù
to prove (vt)	证明	zhèng míng
footprint	脚印	jiǎo yìn
fingerprints	指纹	zhǐ wén
piece of evidence	证据	zhèng jù
alibi	托辞	tuō cí
innocent (not guilty)	无罪的	wú zuì de
injustice	非正义	fēi zhèng yì
unjust, unfair (adj)	不公正的	bù gōng zhèng de
criminal (adj)	刑事的	xíng shì de
to confiscate (vt)	没收	mò shōu
drug (illegal substance)	毒品	dú pǐn
weapon, gun	武器	wǔ qì
to disarm (vt)	缴械	jiǎo xiè
to order (command)	命令	mìng lìng
to disappear (vi)	消失	xiāo shī
law	法律	fǎ lǜ
legal, lawful (adj)	合法的	hé fǎ de
illegal, illicit (adj)	非法的	fēi fǎ de
responsibility (blame)	责任	zé rèn
responsible (adj)	负责的	fù zé de

NATURE

The Earth. Part 1

195. Outer space

cosmos	宇宙	yǔ zhòu
space (as adj)	宇宙的，太空	yǔ zhòu de, tài kōng
outer space	外层空间	wài céng kōng jiān
universe	宇宙	yǔ zhòu
galaxy	银河系	yín hé xì
star	星，恒星	xīng, héng xīng
constellation	星座	xīng zuò
planet	行星	xíng xīng
satellite	卫星	wèi xīng
meteorite	陨石	yǔn shí
comet	彗星	huì xīng
asteroid	小行星	xiǎo xíng xīng
orbit	轨道	guǐ dào
to revolve	公转	gōng zhuàn
(~ around the Earth)		
atmosphere	大气层	dà qì céng
the Sun	太阳	tài yáng
solar system	太阳系	tài yáng xì
solar eclipse	日食	rì shí
the Earth	地球	dì qiú
the Moon	月球	yuè qiú
Mars	火星	huǒ xīng
Venus	金星	jīn xīng
Jupiter	木星	mù xīng
Saturn	土星	tǔ xīng
Mercury	水星	shuǐ xīng
Uranus	天王星	tiān wáng xīng
Neptune	海王星	hǎi wáng xīng
Pluto	冥王星	míng wáng xīng
Milky Way	银河	yín hé
Great Bear	大熊座	dà xióng zuò

North Star	北极星	běi jí xīng
Martian	火星人	huǒ xīng rén
extraterrestrial (n)	外星人	wài xīng rén
alien	外星人	wài xīng rén
flying saucer	飞碟	fēi dié

spaceship	宇宙飞船	yǔ zhòu fēi chuán
space station	宇宙空间站	yǔ zhòu kōng jiān zhàn
blast-off	发射	fā shè

engine	发动机	fā dòng jī
nozzle	喷嘴	pēn zuǐ
fuel	燃料	rán liào

cockpit, flight deck	座舱	zuò cāng
antenna	天线	tiān xiàn
porthole	舷窗	xián chuāng
solar battery	太阳能电池	tàiyáng néng diànchí
spacesuit	太空服	tài kōng fú

| weightlessness | 失重 | shī zhòng |
| oxygen | 氧气 | yǎng qì |

| docking (in space) | 对接 | duì jiē |
| to dock (vi, vt) | 对接 | duì jiē |

observatory	天文台	tiānwén tái
telescope	天文望远镜	tiānwén wàngyuǎnjìng
to observe (vt)	观察到	guān chá dào
to explore (vt)	探索	tàn suǒ

196. The Earth

the Earth	地球	dì qiú
globe (the Earth)	地球	dì qiú
planet	行星	xíng xīng

atmosphere	大气层	dà qì céng
geography	地理学	dì lǐ xué
nature	自然界	zì rán jiè

globe (table ~)	地球仪	dì qiú yí
map	地图	dì tú
atlas	地图册	dì tú cè

Europe	欧洲	oūzhōu
Asia	亚洲	yàzhōu
Africa	非洲	fēizhōu
Australia	澳洲	àozhōu
America	美洲	měizhōu

| North America | 北美洲 | běiměizhōu |
| South America | 南美洲 | nánměizhōu |

| Antarctica | 南极洲 | nánjízhōu |
| the Arctic | 北极地区 | běijídìqū |

197. Cardinal directions

north	北方	běi fāng
to the north	朝北	cháo běi
in the north	在北方	zài běi fāng
northern (adj)	北方的	běi fāng de

south	南方	nán fāng
to the south	朝南	cháo nán
in the south	在南方	zài nán fāng
southern (adj)	南方的	nán fāng de

west	西方	xī fāng
to the west	朝西	cháo xī
in the west	在西方	zài xī fāng
western (adj)	西方的	xī fāng de

east	东方	dōng fāng
to the east	朝东	cháo dōng
in the east	在东方	zài dōng fāng
eastern (adj)	东方的	dōng fāng de

198. Sea. Ocean

sea	海，大海	hǎi, dà hǎi
ocean	海洋，大海	hǎi yáng, dà hǎi
gulf (bay)	海湾	hǎi wān
straits	海峡	hǎi xiá

solid ground	陆地	lù dì
continent (mainland)	大陆，洲	dà lù, zhōu
island	岛，海岛	dǎo, hǎi dǎo
peninsula	半岛	bàn dǎo
archipelago	群岛	qún dǎo

bay, cove	海湾	hǎi wān
harbor	港口	gǎng kǒu
lagoon	泻湖	xiè hú
cape	海角	hǎi jiǎo

| atoll | 环状珊瑚岛 | huánzhuàng shānhúdǎo |
| reef | 礁 | jiāo |

| coral | 珊瑚 | shān hú |
| coral reef | 珊瑚礁 | shān hú jiāo |

deep (adj)	深的	shēn de
depth (deep water)	深度	shēn dù
abyss	深渊	shēn yuān
trench (e.g., Mariana ~)	海沟	hǎi gōu

| current, stream | 水流 | shuǐ liú |
| to surround (bathe) | 环绕 | huán rào |

| shore | 岸 | àn |
| coast | 海岸，海滨 | hǎi àn, hǎi bīn |

high tide	高潮	gāo cháo
low tide	落潮	luò cháo
sandbank	沙洲	shā zhōu
bottom	海底	hǎi dǐ

wave	波浪	bō làng
crest (~ of a wave)	浪峰	làng fēng
froth (foam)	泡沫	pào mò

storm	风暴	fēng bào
hurricane	飓风	jù fēng
tsunami	海啸	hǎi xiào
calm (dead ~)	风平浪静	fēng píng làng jìng
quiet, calm (adj)	平静的	píng jìng de

| pole | 北极 | běi jí |
| polar (adj) | 北极的 | běi jí de |

latitude	纬度	wěi dù
longitude	经度	jīng dù
parallel	纬线	wěi xiàn
equator	赤道	chì dào

sky	天	tiān
horizon	地平线	dì píng xiàn
air	空气	kōng qì

lighthouse	灯塔	dēng tǎ
to dive (vi)	跳水	tiào shuǐ
to sink (ab. boat)	沉没	chén mò
treasures	宝物	bǎo wù

199. Seas' and Oceans' names

| Atlantic Ocean | 大西洋 | dà xī yáng |
| Indian Ocean | 印度洋 | yìn dù yáng |

| Pacific Ocean | 太平洋 | tài píng yáng |
| Arctic Ocean | 北冰洋 | běi bīng yáng |

Black Sea	黑海	hēi hǎi
Red Sea	红海	hóng hǎi
Yellow Sea	黄海	huáng hǎi
White Sea	白海	bái hǎi

Caspian Sea	里海	lǐ hǎi
Dead Sea	死海	sǐ hǎi
Mediterranean Sea	地中海	dìzhōng hǎi

| Aegean Sea | 爱琴海 | àiqín hǎi |
| Adriatic Sea | 亚得里亚海 | yàdélǐyà hǎi |

Arabian Sea	阿拉伯海	ālābó hǎi
Sea of Japan	日本海	rìběn hǎi
Bering Sea	白令海	báilìng hǎi
South China Sea	南海	nán hǎi

Coral Sea	珊瑚海	shānhú hǎi
Tasman Sea	塔斯曼海	tǎsīmàn hǎi
Caribbean Sea	加勒比海	jiālèbǐ hǎi

| Barents Sea | 巴伦支海 | bālúnzhī hǎi |
| Kara Sea | 喀拉海 | kālā hǎi |

North Sea	北海	běi hǎi
Baltic Sea	波罗的海	bōluódì hǎi
Norwegian Sea	挪威海	nuówēi hǎi

200. Mountains

mountain	山	shān
mountain range	山脉	shān mài
mountain ridge	山脊	shān jǐ

summit, top	山顶	shān dǐng
peak	山峰	shān fēng
foot (of mountain)	山脚	shān jiǎo
slope (mountainside)	山坡	shān pō

volcano	火山	huǒ shān
active volcano	活火山	huó huǒ shān
dormant volcano	死火山	sǐ huǒ shān

eruption	喷发	pèn fā
crater	火山口	huǒ shān kǒu
magma	岩浆	yán jiāng
lava	熔岩	róng yán

molten (~ lava)	炽热的	chì rè de
canyon	峡谷	xiá gŭ
gorge	峡谷	xiá gŭ
crevice	裂罅	liè xià

pass, col	山口	shān kŏu
plateau	高原	gāo yuán
cliff	悬崖	xuán yá
hill	小山	xiăo shān

glacier	冰川，冰河	bīng chuān, bīng hé
waterfall	瀑布	pù bù
geyser	间歇泉	jiàn xiē quán
lake	湖	hú

plain	平原	píng yuán
landscape	风景	fēng jĭng
echo	回声	huí shēng

alpinist	登山家	dēng shān jiā
rock climber	攀岩者	pān yán zhě
to conquer (in climbing)	征服	zhēng fú
climb (an easy ~)	登山	dēng shān

201. Mountains names

Alps	阿尔卑斯	āěrbēisī
Mont Blanc	勃朗峰	bólăngfēng
Pyrenees	比利牛斯	bĭlìniúsī

Carpathians	喀尔巴阡	kāerbāqiān
Ural Mountains	乌拉尔山脉	wūlāěr shānmài
Caucasus	高加索	gāojiāsuŏ
Elbrus	厄尔布鲁士山	èěrbùlŭshìshān

Altai	阿尔泰	āěrtài
Tien Shan	天山	tiānshān
Pamir Mountains	帕米尔高原	pàmĭer gāoyuán
Himalayas	喜马拉雅山	xīmălāyă shān
Everest	珠穆朗玛峰	zhūmùlăngmăfēng

| Andes | 安第斯 | āndìsī |
| Kilimanjaro | 乞力马扎罗 | qĭlìmăzháluó |

202. Rivers

| river | 河，江 | hé, jiāng |
| spring (natural source) | 泉，泉水 | quán, quán shuĭ |

riverbed	河床	hé chuáng
basin	流域	liú yù
to flow into ...	流入	liú rù
tributary	支流	zhī liú
bank (of river)	岸	àn
current, stream	水流	shuǐ liú
downstream (adv)	顺流而下	shùn liú ér xià
upstream (adv)	溯流而上	sù liú ér shàng
inundation	洪水	hóng shuǐ
flooding	水灾	shuǐ zāi
to overflow (vi)	溢出	yì chū
to flood (vt)	淹没	yān mò
shallows (shoal)	浅水	qiǎn shuǐ
rapids	急流	jí liú
dam	坝，堤坝	bà, dī bà
canal	运河	yùn hé
artificial lake	水库	shuǐ kù
sluice, lock	水闸	shuǐ zhá
water body (pond, etc.)	水体	shuǐ tǐ
swamp, bog	沼泽	zhǎo zé
marsh	烂泥塘	làn ní táng
whirlpool	漩涡	xuàn wō
stream (brook)	小溪	xiǎo xī
drinking (ab. water)	饮用的	yǐn yòng de
fresh (~ water)	淡水的	dàn shuǐ de
ice	冰	bīng
to freeze (ab. river, etc.)	封冻	fēng dòng

203. Rivers' names

Seine	塞纳河	sènà hé
Loire	卢瓦尔河	lúwǎěr hé
Thames	泰晤士河	tàiwùshì hé
Rhine	莱茵河	láiyīn hé
Danube	多瑙河	duōnǎo hé
Volga	伏尔加河	fúěrjiā hé
Don	顿河	dùn hé
Lena	勒拿河	lèná hé
Yellow River	黄河	huáng hé
Yangtze	长江	chángjiāng

Mekong	湄公河	méigōng hé
Ganges	恒河	héng hé
Nile River	尼罗河	níluó hé
Congo	刚果河	gāngguǒ hé
Okavango	奥卡万戈河	àokǎwàngē hé
Zambezi	赞比亚河	zànbǐyà hé
Limpopo	林波波河	línbōbō hé
Mississippi River	密西西比河	mìxīxībǐ hé

204. Forest

forest	森林，树林	sēn lín, shù lín
forest (as adj)	树林的	shù lín de
thick forest	密林	mì lín
grove	小树林	xiǎo shù lín
forest clearing	林中草地	lín zhōng cǎo dì
thicket	灌木丛	guàn mù cóng
scrubland	灌木林	guàn mù lín
footpath (troddenpath)	小道	xiǎo dào
gully	冲沟	chōng gōu
tree	树，乔木	shù, qiáo mù
leaf	叶子	yè zi
leaves	树叶	shù yè
fall of leaves	落叶	luò yè
to fall (ab. leaves)	凋落	diāo luò
top (of the tree)	树梢	shù shāo
branch	树枝	shù zhī
bough	粗树枝	cū shù zhī
bud (on shrub, tree)	芽	yá
needle (of pine tree)	针叶	zhēn yè
pine cone	球果	qiú guǒ
hollow (in a tree)	树洞	shù dòng
nest	鸟窝	niǎo wō
burrow (animal hole)	洞穴，兽穴	dòng xué, shòu xué
trunk	树干	shù gàn
root	树根	shù gēn
bark	树皮	shùpí
moss	苔藓	tái xiǎn
to uproot (vt)	根除	gēn chú
to chop down	砍倒	kǎn dǎo

| to deforest (vt) | 砍伐森林 | kǎn fá sēn lín |
| tree stump | 树桩 | shù zhuāng |

campfire	篝火	gōu huǒ
forest fire	森林火灾	sēn lín huǒ zāi
to extinguish (vt)	扑灭	pū miè

forest ranger	护林员	hù lín yuán
protection	保护	bǎo hù
to protect (~ nature)	保护	bǎo hù
poacher	偷猎者	tōu liè zhě
trap (e.g., bear ~)	陷阱	xiàn jǐng

| to gather, to pick (vt) | 采集 | cǎi jí |
| to lose one's way | 迷路 | mí lù |

205. Natural resources

natural resources	自然资源	zìrán zī yuán
minerals	矿物	kuàng wù
deposits	矿层	kuàng céng
field (e.g., oilfield)	矿田	kuàng tián

to mine (extract)	开采	kāi cǎi
mining (extraction)	采矿业	cǎi kuàng yè
ore	矿石	kuàng shí
mine (e.g., for coal)	矿，矿山	kuàng, kuàng shān
mine shaft, pit	矿井	kuàng jǐng
miner	矿工	kuàng gōng

| gas | 煤气 | méi qì |
| gas pipeline | 煤气管道 | méi qì guǎn dào |

oil (petroleum)	石油	shí yóu
oil pipeline	油管	yóu guǎn
oil well	石油钻塔	shí yóu zuān tǎ
derrick	钻油塔	zuān yóu tǎ
tanker	油船，油轮	yóu chuán, yóu lún

sand	沙，沙子	shā, shā zi
limestone	石灰石	shí huī shí
gravel	砾石	lì shí
peat	泥煤	ní méi
clay	粘土	nián tǔ
coal	煤	méi

iron	铁	tiě
gold	黄金	huáng jīn
silver	银	yín
nickel	镍	niè

copper	铜	tóng
zinc	锌	xīn
manganese	锰	měng
mercury	水银	shuǐ yín
lead	铅	qiān

mineral	矿物	kuàng wù
crystal	结晶	jié jīng
marble	大理石	dà lǐ shí
uranium	铀	yóu

The Earth. Part 2

206. Weather

weather	天气	tiān qì
weather forecast	气象预报	qìxiàng yùbào
temperature	温度	wēn dù
thermometer	温度表	wēn dù biǎo
barometer	气压表	qì yā biǎo
humidity	空气湿度	kōng qì shī dù
heat (extreme ~)	炎热	yán rè
hot (torrid)	热的	rè de
it's hot	天气热	tiān qì rè
it's warm	天气暖	tiān qì nuǎn
warm (moderately hot)	暖和的	nuǎn huo de
it's cold	天气冷	tiān qì lěng
cold (adj)	冷的	lěng de
sun	太阳	tài yáng
to shine (vi)	发光	fā guāng
sunny (day)	阳光充足的	yáng guāng chōng zú de
to come up (vi)	升起	shēng qǐ
to set (vi)	落山	luò shān
cloud	云	yún
cloudy (adj)	多云的	duō yún de
rain cloud	乌云	wū yún
somber (gloomy)	阴沉的	yīn chén de
rain	雨	yǔ
it's raining	下雨	xià yǔ
rainy (day)	雨 … , 多雨的	yǔ …, duō yǔ de
to drizzle (vi)	下毛毛雨	xià máo máo yǔ
pouring rain	倾盆大雨	qīng pén dà yǔ
downpour	暴雨	bào yǔ
heavy (e.g., ~ rain)	大 …	dà …
puddle	水洼	shuǐ wā
to get wet (in rain)	淋湿	lín shī
fog (mist)	雾气	wù qì
foggy	多雾的	duō wù de
snow	雪	xuě
it's snowing	下雪	xià xuě

207. Severe weather. Natural disasters

thunderstorm	大雷雨	dà léi yǔ
lightning (~ strike)	闪电	shǎn diàn
to flash (vi)	闪光	shǎn guāng
thunder	雷，雷声	léi, léi shēng
to thunder (vi)	打雷	dǎ léi
it's thundering	打雷	dǎ léi
hail	雹子	báo zi
it's hailing	下冰雹	xià bīng báo
to flood (vt)	淹没	yān mò
flood, inundation	洪水	hóng shuǐ
earthquake	地震	dì zhèn
tremor, quake	震动	zhèn dòng
epicenter	震中	zhèn zhōng
eruption	喷发	pèn fā
lava	熔岩	róng yán
twister	旋风	xuànfēng
tornado	龙卷风	lóng juàn fēng
typhoon	台风	tái fēng
hurricane	飓风	jù fēng
storm	风暴	fēng bào
tsunami	海啸	hǎi xiào
cyclone	气旋	qì xuán
bad weather	恶劣天气	è liè tiān qì
fire (accident)	火灾	huǒ zāi
disaster	灾难	zāi nàn
meteorite	陨石	yǔn shí
avalanche	雪崩	xuě bēng
snowslide	雪崩	xuě bēng
blizzard	暴风雪	bào fēng xuě
snowstorm	暴风雪	bào fēng xuě

208. Noises. Sounds

silence (quiet)	寂静	jì jìng
sound	响声	xiǎng shēng
noise	嘈杂声	cáo zá shēng
to make noise	弄出声响	nòng chū shēng xiǎng
noisy (adj)	嘈杂的	cáo zá de

loudly (to speak, etc.)	大声地	dà shēng de
loud (voice, etc.)	大声的	dà shēng de
constant (continuous)	不断的	bù duàn de
shout (n)	喊声	hǎn shēng
to shout (vi)	叫喊	jiào hǎn
whisper	低语	dī yǔ
to whisper (vi, vt)	耳语	ěr yǔ
barking (of dog)	狗吠声	gǒu fèi shēng
to bark (vi)	吠	fèi
groan (of pain)	呻吟，叹息	shēn yín, tàn xī
to groan (vi)	呻吟	shēn yín
cough	咳嗽	ké sou
to cough (vi)	咳，咳嗽	ké, ké sou
whistle	口哨	kǒu shào
to whistle (vi)	吹哨	chuī shào
knock (at the door)	敲门声	qiāo mén shēng
to knock (at the door)	敲门	qiāo mén
to crack (vi)	发出噼啪声	fāchū pī pā shēng
crack (plank, etc.)	噼啪声	pī pā shēng
siren	警报器	jǐng bào qì
whistle (factory ~)	哨声	shào shēng
to whistle (ship, train)	鸣笛	míng dí
honk (signal)	汽车喇叭声	qìchē lǎ ba shēng
to honk (vi)	汽车喇叭鸣响	qìchē lǎba míng xiǎng

209. Winter

winter (n)	冬天	dōng tiān
winter (as adj)	冬天的	dōng tiān de
in winter	在冬天	zài dōng tiān
snow	雪	xuě
it's snowing	下雪	xià xuě
snowfall	落雪	luò xuě
snowdrift	雪堆	xuě duī
snowflake	雪花	xuě huā
snowball	雪球	xuě qiú
snowman	雪人	xuě rén
icicle	冰柱	bīng zhù
December	十二月	shí èr yuè
January	一月	yī yuè
February	二月	èr yuè

severe frost	严寒	yán hán
frosty (weather, air)	寒冷的	hán lěng de
below zero (adv)	零下	líng xià
first frost	霜冻	shuāng dòng
hoarfrost	霜, 白霜	shuāng, bái shuāng
cold (cold weather)	寒冷	hán lěng
it's cold	天气冷	tiān qì lěng
fur coat	皮大衣	pí dà yī
mittens	连指手套	lián zhǐ shǒu tào
to get sick	生病	shēng bìng
cold (illness)	感冒	gǎn mào
to catch a cold	感冒	gǎn mào
ice	冰	bīng
black ice	地面薄冰	dì miàn báo bīng
to freeze (ab. river, etc.)	封冻	fēng dòng
ice floe	浮冰	fú bīng
skis	滑雪板	huá xuě bǎn
skier	滑雪者	huá xuě zhě
to ski (vi)	滑雪	huá xuě
to skate (vi)	滑冰	huá bīng

Fauna

210. Mammals. Predators

predator	捕食者	bǔ shí zhě
tiger	老虎	lǎo hǔ
lion	狮子	shī zi
wolf	狼	láng
fox	狐狸	húli
jaguar	美洲豹	měi zhōu bào
leopard	豹	bào
cheetah	猎豹	liè bào
black panther	豹	bào
puma	美洲狮	měi zhōu shī
snow leopard	雪豹	xuě bào
lynx	猞猁	shē lì
coyote	丛林狼	cóng lín láng
jackal	豺	chái
hyena	鬣狗	liè gǒu

211. Wild animals

animal	动物	dòng wù
beast (animal)	兽	shòu
squirrel	松鼠	sōng shǔ
hedgehog	刺猬	cì wei
hare	野兔	yě tù
rabbit	家兔	jiā tù
badger	獾	huān
raccoon	浣熊	huàn xióng
hamster	仓鼠	cāng shǔ
marmot	土拨鼠	tǔ bō shǔ
mole	鼹鼠	yǎn shǔ
mouse	老鼠	lǎo shǔ
rat	大家鼠	dà jiā shǔ
bat	蝙蝠	biān fú
ermine	白鼬	bái yòu
sable	黑貂	hēi diāo

marten	貂	diāo
weasel	银鼠	yín shǔ
mink	水貂	shuǐ diāo

| beaver | 海狸 | hǎi lí |
| otter | 水獭 | shuǐ tǎ |

horse	马	mǎ
moose	驼鹿	tuó lù
deer	鹿	lù
camel	骆驼	luò tuo

bison	美洲野牛	měizhōu yěniú
aurochs	欧洲野牛	ōūzhōu yěniú
buffalo	水牛	shuǐ niú

zebra	斑马	bān mǎ
antelope	羚羊	líng yáng
roe deer	狍子	páo zi
fallow deer	扁角鹿	biǎn jiǎo lù
chamois	岩羚羊	yán líng yáng
wild boar	野猪	yě zhū

whale	鲸	jīng
seal	海豹	hǎi bào
walrus	海象	hǎi xiàng
fur seal	海狗	hǎi gǒu
dolphin	海豚	hǎi tún

bear	熊	xióng
polar bear	北极熊	běi jí xióng
panda	熊猫	xióng māo

monkey	猴子	hóu zi
chimpanzee	黑猩猩	hēi xīng xing
orangutan	猩猩	xīng xing
gorilla	大猩猩	dà xīng xing
macaque	猕猴	mí hóu
gibbon	长臂猿	cháng bì yuán

elephant	象	xiàng
rhinoceros	犀牛	xī niú
giraffe	长颈鹿	cháng jǐng lù
hippopotamus	河马	hé mǎ

| kangaroo | 袋鼠 | dài shǔ |
| koala (bear) | 树袋熊 | shù dài xióng |

mongoose	猫鼬	māo yòu
chinchilla	毛丝鼠	máo sī shǔ
skunk	臭鼬	chòu yòu
porcupine	箭猪	jiàn zhū

212. Domestic animals

cat	母猫	mǔ māo
tomcat	雄猫	xióng māo
horse	马	mǎ
stallion	公马	gōng mǎ
mare	母马	mǔ mǎ
cow	母牛	mǔ niú
bull	公牛	gōng niú
ox	阉牛	yān niú
sheep	羊，绵羊	yáng, mián yáng
ram	公绵羊	gōng mián yáng
goat	山羊	shān yáng
billy goat, he-goat	公山羊	gōng shān yáng
donkey	驴	lú
mule	骡子	luó zi
pig	猪	zhū
piglet	小猪	xiǎo zhū
rabbit	家兔	jiā tù
hen (chicken)	母鸡	mǔ jī
rooster	公鸡	gōng jī
duck	鸭子	yā zi
drake	公鸭子	gōng yā zi
goose	鹅	é
tom turkey	雄火鸡	xióng huǒ jī
turkey (hen)	火鸡	huǒ jī
domestic animals	家畜	jiā chù
tame (e.g., ~ hamster)	驯化的	xùn huà de
to tame (vt)	驯化	xùn huà
to breed (vt)	饲养	sì yǎng
farm	农场	nóng chǎng
poultry	家禽	jiā qín
cattle	牲畜	shēng chù
herd (cattle)	群	qún
stable	马厩	mǎ jiù
pigsty	猪圈	zhū jiàn
cowshed	牛棚	niú péng
rabbit hutch	兔舍	tù shè
hen house	鸡窝	jī wō

213. Dogs. Dog breeds

dog	狗，犬	gǒu, quǎn
sheepdog	牧羊犬	mù yáng quǎn
poodle	贵宾犬	guì bīn quǎn
dachshund	达克斯狗	dá kè sī gǒu

bulldog	斗牛狗	dǒu niú gǒu
boxer	拳师狗	quán shī gǒu
mastiff	英国獒犬	yīngguó áo quǎn
rottweiler	罗特韦尔犬	luótèwéiěr quǎn
Doberman	杜宾犬	dù bīn quǎn

| basset | 矮腿猎犬 | ǎi tuǐ liè quǎn |
| bobtail | 英国古代牧羊犬 | yīngguó gǔdàimùyáng quǎn |

| Dalmatian | 斑点狗 | bān diǎn gǒu |
| cocker spaniel | 可卡犬 | kě kǎ quǎn |

| Newfoundland | 纽芬兰犬 | niǔfēnlán quǎn |
| Saint Bernard | 圣伯纳犬 | shèng bǎi nà quǎn |

husky	哈士奇	hā shì jī
Chow Chow	松狮犬	sōng shī quǎn
spitz	斯皮茨	sī pí cí
pug	巴哥犬	bā gē quǎn

214. Sounds made by animals

barking (n)	狗吠声	gǒu fèi shēng
to bark (vi)	吠	fèi
to meow (vi)	喵喵叫	miāo miāo jiào
to purr (vi)	发出呼噜声	fā chū hū lū shēng

to moo (vi)	哞哞叫	mōu mōu jiào
to bellow (bull)	咆哮	páo xiāo
to growl (vi)	低声吼叫	dī shēng hǒu jiào

howl (n)	嗥叫声	háo jiào shēng
to howl (vi)	嗥叫	háo jiào
to whine (vi)	呜呜声	wū wū shēng

to bleat (sheep)	咩咩叫	miē miē jiào
to oink, to grunt (pig)	发哼哼声	fā hēng hēng shēng
to squeal (vi)	发吱吱声	fā zī zī shēng

to croak (vi)	呱呱地叫	guā guā de jiào
to buzz (insect)	嗡嗡叫	wēng wēng jiào
to stridulate (vi)	鸣叫	míng jiào

215. Young animals

cub	幼兽	yòu shòu
kitten	小猫	xiǎo māo
baby mouse	小老鼠	xiǎo lǎo shǔ
pup, puppy	小狗	xiǎo gǒu
leveret	小野兔	xiǎo yě tù
baby rabbit	小家兔	xiǎo jiā tù
wolf cub	狼崽子	láng zǎi zi
fox cub	小狐狸	xiǎo húli
bear cub	小熊	xiǎo xióng
lion cub	幼狮	yòu shī
tiger cub	幼虎	yòu hǔ
elephant calf	小象	xiǎo xiàng
piglet	小猪	xiǎo zhū
calf (young cow, bull)	小牛，牛犊	xiǎo niú, niú dú
kid (young goat)	小山羊	xiǎo shān yáng
lamb	小羊	xiǎo yáng
fawn (young deer)	幼鹿	yòu lù
young camel	小骆驼	xiǎo luò tuo
baby snake	幼蛇	yòu shé
baby frog	幼蛙	yòu wā
nestling	雏鸟	chū niǎo
chick (of chicken)	小鸡	xiǎo jī
duckling	小鸭	xiǎo yā

216. Birds

bird	鸟	niǎo
pigeon	鸽子	gē zi
sparrow	麻雀	má què
tit	山雀	shān què
magpie	喜鹊	xǐ què
raven	渡鸦	dù yā
crow	乌鸦	wū yā
jackdaw	穴鸟	xué niǎo
rook	秃鼻乌鸦	tū bí wū yā
duck	鸭子	yā zi
goose	鹅	é
pheasant	野鸡	yě jī
eagle	鹰	yīng
hawk	鹰，隼	yīng, sǔn

falcon	隼，猎鹰	sǔn, liè yīng
vulture	秃鹫	tū jiù
condor (Andean ~)	神鹰	shén yīng

swan	天鹅	tiān é
crane	鹤	hè
stork	鹳	guàn

parrot	鹦鹉	yīng wǔ
hummingbird	蜂鸟	fēng niǎo
peacock	孔雀	kǒng què

ostrich	鸵鸟	tuó niǎo
heron	鹭	lù
flamingo	火烈鸟	huǒ liè niǎo
pelican	鹈鹕	tí hú

| nightingale | 夜莺 | yè yīng |
| swallow | 燕子 | yàn zi |

thrush	田鸫	tián dōng
song thrush	歌鸠	gē jiū
blackbird	乌鸫	wū dōng

swift	雨燕	yǔ yàn
lark	云雀	yún què
quail	鹌鹑	ān chún

woodpecker	啄木鸟	zhuó mù niǎo
cuckoo	布谷鸟	bù gǔ niǎo
owl	猫头鹰	māo tóu yīng
eagle owl	雕号鸟	diāo hào niǎo
wood grouse	松鸡	sōng jī
black grouse	黑琴鸡	hēi qín jī
partridge	山鹑	shān chún

starling	椋鸟	liáng niǎo
canary	金丝雀	jīn sī què
hazel grouse	花尾秦鸡	huā yǐ qín jī
chaffinch	苍头燕雀	cāng tóu yàn què
bullfinch	红腹灰雀	hóng fù huī què

seagull	海鸥	hǎi ōu
albatross	信天翁	xìn tiān wēng
penguin	企鹅	qǐ é

217. Birds. Singing and sounds

| to sing (vi) | 唱歌 | chàng gē |
| to call (animal, bird) | 叫喊 | jiào hǎn |

to crow (rooster)	喔喔啼	wō wō tí
cock-a-doodle-doo	喔喔声	wō wō shēng
to cluck (hen)	咯咯叫	luò luò jiào
to caw (vi)	鸦叫	yā jiào
to quack (duck)	嘎嘎叫	gā gā jiào
to cheep (vi)	咬咬叫	zī zī jiào
to chirp, to twitter	鸟叫，啾啾叫	niǎo jiào, jiū jiū jiào

218. Fish. Marine animals

bream	鳊鱼	biān yú
carp	鲤鱼	lǐyú
perch	鲈鱼	lú yú
catfish	鲶鱼	nián yú
pike	狗鱼	gǒu yú
salmon	鲑鱼	guī yú
sturgeon	鲟鱼	xú nyú
herring	鲱鱼	fēi yú
Atlantic salmon	大西洋鲑	dà xī yáng guī
mackerel	鲭鱼	qīng yú
flatfish	比目鱼	bǐ mù yú
zander, pike perch	白梭吻鲈	bái suō wěn lú
cod	鳕鱼	xuě yú
tuna	金枪鱼	jīn qiāng yú
trout	鳟鱼	zūn yú
eel	鳗鱼，鳝鱼	mán yú, shàn yú
electric ray	电鳐目	diàn yáo mù
moray eel	海鳝	hǎi shàn
piranha	食人鱼	shí rén yú
shark	鲨鱼	shā yú
dolphin	海豚	hǎi tún
whale	鲸	jīng
crab	螃蟹	páng xiè
jellyfish	海蜇	hǎi zhē
octopus	章鱼	zhāng yú
starfish	海星	hǎi xīng
sea urchin	海胆	hǎi dǎn
seahorse	海马	hǎi mǎ
oyster	牡蛎	mǔ lì
shrimp	虾，小虾	xiā, xiǎo xiā
lobster	螯龙虾	áo lóng xiā
spiny lobster	龙虾科	lóng xiā kē

219. Amphibians. Reptiles

snake	蛇	shé
venomous (snake)	有毒的	yǒu dú de
viper	蝮蛇	fù shé
cobra	眼镜蛇	yǎn jìng shé
python	蟒蛇	mǎng shé
boa	大蟒蛇	dà mǎng shé
grass snake	水游蛇	shuǐ yóu shé
rattle snake	响尾蛇	xiǎng wěi shé
anaconda	森蚺	sēn rán
lizard	蜥蜴	xī yì
iguana	鬣鳞蜥	liè lín xī
monitor lizard	巨蜥	jù xī
salamander	蝾螈	róng yuán
chameleon	变色龙	biàn sè lóng
scorpion	蝎子	xiē zi
turtle	龟	guī
frog	青蛙	qīng wā
toad	蟾蜍	chán chú
crocodile	鳄鱼	è yú

220. Insects

insect, bug	昆虫	kūn chóng
butterfly	蝴蝶	hú dié
ant	蚂蚁	mǎ yǐ
fly	苍蝇	cāng ying
mosquito	蚊子	wén zi
beetle	甲虫	jiǎ chóng
wasp	黄蜂	huáng fēng
bee	蜜蜂	mì fēng
bumblebee	熊蜂	xióng fēng
gadfly	牛虻	niú méng
spider	蜘蛛	zhī zhū
spider's web	蜘蛛网	zhī zhū wǎng
dragonfly	蜻蜓	qīng tíng
grasshopper	蝗虫	huáng chóng
moth (night butterfly)	蛾	é
cockroach	蟑螂	zhāng láng
tick	壁虱	bì shī

| flea | 跳蚤 | tiào zao |
| midge | 蠓 | měng |

locust	蝗虫	huáng chóng
snail	蜗牛	wō niú
cricket	蟋蟀	xī shuài
lightning bug	萤火虫	yíng huǒ chóng
ladybug	瓢虫	piáo chóng
cockchafer	大倮鳃角金龟	dà lì sāi jiǎo jīn guī

leech	水蛭	shuǐ zhì
caterpillar	毛虫	máo chóng
earthworm	虫，蠕虫	chóng, rú chóng
larva	幼虫	yòu chóng

221. Animals. Body parts

beak	鸟嘴	niǎo zuǐ
wings	翼，翅膀	yì, chì bǎng
foot (of bird)	爪	zhuǎ

feathering	羽毛	yǔ máo
feather	羽	yǔ
crest	鸟冠	niǎo guān

gill	鳃	sāi
spawn	卵，卵块	luǎn, luǎn kuài
larva	幼虫	yòu chóng

| fin | 鳍，鱼翅 | qí, yú chì |
| scales (of fish, reptile) | 鳞片 | lín piàn |

fang (canine)	犬牙	quǎn yá
paw (e.g., cat's ~)	爪，脚掌	zhuǎ, jiǎo zhǎng
muzzle (snout)	口鼻部	kǒu bí bù
mouth (of cat, dog)	嘴	zuǐ

| tail | 尾巴 | wěi ba |
| whiskers | 胡须 | hú xū |

| hoof | 蹄 | tí |
| horn | 角 | jiǎo |

carapace	背甲	bèi jiǎ
shell (of mollusk)	贝壳	bèi ké
eggshell	壳	ké

| animal's hair (pelage) | 毛 | máo |

| pelt (hide) | 兽皮 | shòu pí |

222. Actions of animals

to fly (vi)	飞	fēi
to make circles	回翔	huí xiáng
to fly away	飞走	fēi zǒu
to flap (~ the wings)	振翅	zhèn chì
to peck (vi)	啄	zhuó
to sit on eggs	孵化	fū huà
to hatch out (vi)	出壳	chū qiào
to build the nest	筑巢	zhù cháo
to slither, to crawl	爬行	pá xíng
to sting, to bite (insect)	蜇	zhē
to bite (ab. animal)	咬人	yǎo rén
to sniff (vt)	闻	wén
to bark (vi)	吠	fèi
to hiss (snake)	嘶嘶声	sī sī shēng
to scare (vt)	吓唬	xià hu
to attack (vt)	袭击	xí jī
to gnaw (bone, etc.)	啃	kěn
to scratch (with claws)	抓破	zhuā pò
to hide (vi)	躲藏	duǒ cáng
to play (kittens, etc.)	玩	wán
to hunt (vi, vt)	打猎	dǎ liè
to hibernate (vi)	蛰伏	zhé fú
to become extinct	灭亡	miè wáng

223. Animals. Habitats

habitat	生境	shēng jìng
migration	迁徙	qiān xǐ
mountain	山	shān
reef	礁	jiāo
cliff	悬崖	xuán yá
forest	森林，树林	sēn lín, shù lín
jungle	热带丛林	rèdài cóng lín
savanna	热带草原	rèdài cǎo yuán
tundra	苔原	tái yuán
steppe	草原	cǎo yuán
desert	沙漠	shā mò
oasis	绿洲	lǜ zhōu
sea	海，大海	hǎi, dà hǎi

| lake | 湖 | hú |
| ocean | 海洋，大海 | hǎi yáng, dà hǎi |

swamp	沼泽	zhǎo zé
freshwater (adj)	淡水的	dàn shuǐ de
pond	池塘	chí táng
river	河，江	hé, jiāng

den	熊窝	xióng wō
nest	鸟窝	niǎo wō
hollow (in a tree)	树洞	shù dòng
burrow (animal hole)	洞穴，兽穴	dòng xué, shòu xué
anthill	蚁丘	yǐ qiū

224. Animal care

| zoo | 动物园 | dòng wù yuán |
| nature preserve | 自然保护区 | zì rán bǎo hù qū |

breeder, breed club	繁殖场	fán zhí chǎng
open-air cage	露天笼	lù tiān lóng
cage	笼子	lóng zi
kennel	狗窝	gǒu wō

dovecot	鸽棚	gē péng
aquarium	水族箱	shuǐ zú xiāng
dolphinarium	海豚馆	hǎi tún guǎn

to breed (animals)	饲养	sì yǎng
brood, litter	一窝	yī wō
to tame (vt)	驯化	xùn huà
feed (fodder, etc.)	饲料	sì liào
to feed (vt)	喂养	wèi yǎng
to train (animals)	训练	xùn liàn

pet store	宠物店	chǒng wù diàn
muzzle (for dog)	嘴套	zuǐ tào
collar	颈圈	jǐng quān
name (of animal)	绰号	chuò hào
pedigree (of dog)	血统	xuè tǒng

225. Animals. Miscellaneous

pack (wolves)	一群	yī qún
flock (birds)	鸟群	niǎo qún
shoal (fish)	鱼群	yú qún
herd of horses	群	qún
male (n)	雄性	xióng xìng

female	雌性生物	cí xìng shēng wù
hungry (adj)	饿的	è de
wild (adj)	野生的	yě shēng de
dangerous (adj)	危险的	wēi xiǎn de

226. Horses

| horse | 马 | mǎ |
| breed (race) | 种 | zhǒng |

| foal, colt | 马驹 | mǎ jū |
| mare | 母马 | mǔ mǎ |

mustang	野马	yě mǎ
pony	小型马	xiǎo xíng mǎ
draft horse	曳马，驮马	yè mǎ, duò mǎ

| mane | 鬃毛 | zōng máo |
| tail | 尾巴 | wěi ba |

hoof	马蹄	mǎ tí
horseshoe	马蹄铁，马掌	mǎ tí tiě, mǎ zhǎng
to shoe (vt)	钉上马掌	dīng shàng mǎ zhǎng
blacksmith	铁匠	tiě jiang

saddle	鞍，马鞍	ān, mǎ ān
stirrup	马镫	mǎ dèng
bridle	马笼头	mǎ lóng tóu
reins	缰绳	jiāng shéng
whip (for riding)	鞭子	biān zi

rider	骑手	qí shǒu
to break in (horse)	驯服	xùn fú
to saddle (vt)	备鞍	bèi ān
to mount a horse	上马	shàng mǎ

gallop	奔驰	bēn chí
to gallop (vi)	奔驰	bēn chí
trot (n)	小跑	xiǎo pǎo
at a trot (adv)	在小跑	zài xiǎo pǎo

| racehorse | 赛马 | sài mǎ |
| horse racing | 赛马会 | sài mǎ huì |

stable	马厩	mǎ jiù
to feed (vt)	喂养	wèi yǎng
hay	干草	gān cǎo
to water (animals)	给 … 喂水	gěi … wèi shuǐ
to wash (horse)	刷马	shuā mǎ
to graze (vi)	放牧	fàng mù

| to neigh (vi) | 马嘶叫 | mǎ sī jiào |
| to kick (horse) | 乱踢 | luàn tī |

Flora

227. Trees

tree	树，乔木	shù, qiáo mù
deciduous (adj)	每年落叶的	měi nián luò yè de
coniferous (adj)	针叶树	zhēn yè shù
evergreen (adj)	常绿树	cháng lǜ shù
apple tree	苹果树	píngguǒ shù
pear tree	梨树	lí shù
sweet cherry tree	欧洲甜樱桃树	ōuzhōu tián yīngtáo shù
sour cherry tree	樱桃树	yīngtáo shù
plum tree	李树	lǐ shù
birch	白桦，桦树	bái huà, huà shù
oak	橡树	xiàng shù
linden tree	椴树	duàn shù
aspen	山杨	shān yáng
maple	枫树	fēng shù
spruce	枞树，杉树	cōng shù, shān shù
pine	松树	sōng shù
larch	落叶松	luò yè sōng
fir tree	冷杉	lěng shān
cedar	雪松	xuě sōng
poplar	杨	yáng
rowan	花楸	huā qiū
willow	柳树	liǔ shù
alder	赤杨	chì yáng
beech	山毛榉	shān máo jǔ
elm	榆树	yú shù
ash (tree)	白腊树	bái là shù
chestnut	栗树	lì shù
magnolia	木兰	mù lán
palm tree	棕榈树	zōng lǘ shù
cypress	柏树	bǎi shù
baobab	猴面包树	hóu miàn bāo shù
eucalyptus	桉树	ān shù
sequoia	红杉	hóng shān

228. Shrubs

bush	灌木	guàn mù
shrub	灌木	guàn mù
grapevine	葡萄	pú tao
vineyard	葡萄园	pú táo yuán
raspberry bush	悬钩栗	xuán gōu lì
redcurrant bush	红醋栗	hóng cù lì
gooseberry bush	醋栗	cù lì
acacia	金合欢	jīn hé huān
barberry	小檗	xiǎo bò
jasmine	茉莉	mò li
juniper	刺柏	cì bǎi
rosebush	玫瑰丛	méi guī cóng
dog rose	犬蔷薇	quǎn qiáng wēi

229. Mushrooms

mushroom	蘑菇	mógu
edible mushroom	可食的蘑菇	kěshíde mógu
toadstool	毒蘑菇	dú mógu
cap (of mushroom)	蘑菇伞	mógu sǎn
stipe (of mushroom)	菇脚	gū jiǎo
cep (Boletus edulis)	美味牛肝菌	měi wèi niú gān jūn
orange-cap boletus	橙盖牛肝菌	chéng gài niú gān jūn
birch bolete	褐疣柄牛肝菌	hè yóu bǐng niú gān jūn
chanterelle	鸡油菌	jī yóu jūn
russula	红菇	hóng gū
morel	羊肚菌	yáng dǔ jùn
fly agaric	蛤蟆菌	há má jùn
death cap	毒蕈	dú xùn

230. Fruits. Berries

apple	苹果	píng guǒ
pear	梨	lí
plum	李子	lǐ zi
strawberry	草莓	cǎo méi
sour cherry	樱桃	yīngtáo
sweet cherry	欧洲甜樱桃	oūzhōu tián yīngtáo

grape	葡萄	pú tao
raspberry	覆盆子	fù pén zi
blackcurrant	黑醋栗	hēi cù lì
redcurrant	红醋栗	hóng cù lì
gooseberry	醋栗	cù lì
cranberry	小红莓	xiǎo hóng méi

orange	橙子	chén zi
mandarin	橘子	jú zi
pineapple	菠萝	bō luó
banana	香蕉	xiāng jiāo
date	海枣	hǎi zǎo

lemon	柠檬	níng méng
apricot	杏子	xìng zi
peach	桃子	táo zi
kiwi	猕猴桃	mí hóu táo
grapefruit	葡萄柚	pú tao yòu

berry	浆果	jiāng guǒ
berries	浆果	jiāng guǒ
cowberry	越橘	yuè jú
field strawberry	草莓	cǎo méi
bilberry	越橘	yuè jú

231. Flowers. Plants

| flower | 花 | huā |
| bouquet (of flowers) | 花束 | huā shù |

rose (flower)	玫瑰	méi guī
tulip	郁金香	yù jīn xiāng
carnation	康乃馨	kāng nǎi xīn
gladiolus	唐菖蒲	táng chāng pú

cornflower	矢车菊	shǐ chē jú
bluebell	风铃草	fēng líng cǎo
dandelion	蒲公英	pú gōng yīng
camomile	甘菊	gān jú

aloe	芦荟	lúhuì
cactus	仙人掌	xiān rén zhǎng
rubber plant, ficus	橡胶树	xiàng jiāo shù

lily	百合花	bǎi hé huā
geranium	天竺葵	tiān zhú kuí
hyacinth	风信子	fēng xìn zǐ

| mimosa | 含羞草 | hán xiū cǎo |
| narcissus | 水仙 | shuǐ xiān |

nasturtium	旱金莲	hàn jīn lián
orchid	兰花	lán huā
peony	芍药	sháo yao
violet	紫罗兰	zǐ luó lán
pansy	三色堇	sān sè jǐn
forget-me-not	勿忘草	wù wàng cǎo
daisy	雏菊	chú jú
poppy	罂粟	yīng sù
hemp	大麻	dà má
mint	薄荷	bó hé
lily of the valley	铃兰	líng lán
snowdrop	雪花莲	xuě huā lián
nettle	荨麻	qián má
sorrel	酸模	suān mó
water lily	睡莲	shuì lián
fern	蕨	jué
lichen	地衣	dì yī
tropical greenhouse	温室	wēn shì
grass lawn	草坪	cǎo píng
flowerbed	花坛，花圃	huā tán, huā pǔ
plant	植物	zhí wù
grass, herb	草	cǎo
blade of grass	叶片	yè piàn
leaf	叶子	yè zi
petal	花瓣	huā bàn
stem	茎	jīng
tuber	块茎	kuài jīng
young plant (shoot)	芽	yá
thorn	刺	cì
to blossom (vi)	开花	kāi huā
to fade, to wither	枯萎	kū wěi
smell (odor)	香味	xiāng wèi
to cut (flowers)	切	qiē
to pick (a flower)	采，摘	cǎi, zhāi

232. Cereals, grains

grain	谷物	gǔ wù
cereal crops	谷类作物	gǔ lèi zuò wù
ear (of barley, etc.)	穗	suì
wheat	小麦	xiǎo mài

rye	黑麦	hēi mài
oats	燕麦	yàn mài
millet	粟，小米	sù, xiǎo mǐ
barley	大麦	dàmài

corn	玉米	yù mǐ
rice	稻米	dào mǐ
buckwheat	荞麦	qiáo mài

pea plant	豌豆	wān dòu
kidney bean	四季豆	sì jì dòu
soy	黄豆	huáng dòu
lentil	兵豆	bīng dòu
beans (pulse crops)	豆子	dòu zi

233. Vegetables. Greens

| vegetables | 蔬菜 | shū cài |
| greens | 青菜 | qīng cài |

tomato	西红柿	xī hóng shì
cucumber	黄瓜	huáng guā
carrot	胡萝卜	hú luó bo
potato	土豆	tǔ dòu
onion	洋葱	yáng cōng
garlic	大蒜	dà suàn

cabbage	元白菜	yuán bái cài
cauliflower	菜花	cài huā
Brussels sprouts	抱子甘蓝	bào zi gān lán
beetroot	甜菜根	tián cài gēn
eggplant	茄子	qié zi
zucchini	西葫芦	xī hú lu
pumpkin	南瓜	nán guā
turnip	蔓菁	mán jing

parsley	欧芹	ōu qín
dill	莳萝	shì luó
lettuce	生菜，莴苣	shēng cài, wō jù
celery	芹菜	qín cài
asparagus	芦笋	lú sǔn
spinach	菠菜	bō cài

pea	豌豆	wān dòu
beans	豆子	dòu zi
corn (maize)	玉米	yù mǐ
kidney bean	四季豆	sì jì dòu
pepper	胡椒，辣椒	hú jiāo, là jiāo
radish	水萝卜	shuǐ luó bo
artichoke	朝鲜蓟	cháo xiǎn jì

REGIONAL GEOGRAPHY

Countries. Nationalities

234. Western Europe

Europe	欧洲	oūzhōu
European Union	欧盟	oūméng
European (n)	欧洲人	oūzhōu rén
European (adj)	欧洲人	oūzhōu rén
Austria	奥地利	aòdìlì
Austrian (masc.)	奥地利人	aòdìlì rén
Austrian (fem.)	奥地利人	aòdìlì rén
Austrian (adj)	奥地利的	aòdìlì de
Great Britain	大不列颠	dàbùlièdiān
England	英国	yīngguó
British (masc.)	英国人	yīngguó rén
British (fem.)	英国人	yīngguó rén
English, British (adj)	英国的	yīngguó de
Belgium	比利时	bǐlìshí
Belgian (masc.)	比利时人	bǐlìshí rén
Belgian (fem.)	比利时人	bǐlìshí rén
Belgian (adj)	比利时的	bǐlìshí de
Germany	德国	dé guó
German (masc.)	德国人	dé guó rén
German (fem.)	德国人	dé guó rén
German (adj)	德国的	dé guó de
Netherlands	荷兰	hélán
Holland	荷兰	hélán
Dutchman	荷兰人	hélán rén
Dutchwoman	荷兰人	hélán rén
Dutch (adj)	荷兰的	hélán de
Greece	希腊	xīlà
Greek (masc.)	希腊人	xīlà rén
Greek (fem.)	希腊人	xīlà rén
Greek (adj)	希腊的	xīlà de
Denmark	丹麦	dānmài
Dane (masc.)	丹麦人	dānmài rén

| Dane (fem.) | 丹麦人 | dānmài rén |
| Danish (adj) | 丹麦的 | dānmài de |

Ireland	爱尔兰	aiěrlán
Irishman	爱尔兰人	aiěrlán rén
Irishwoman	爱尔兰人	aiěrlán rén
Irish (adj)	爱尔兰的	aiěrlán de

Iceland	冰岛	bīngdǎo
Icelander (masc.)	冰岛人	bīngdǎo rén
Icelander (fem.)	冰岛人	bīngdǎo rén
Icelandic (adj)	冰岛的	bīngdǎo de

Spain	西班牙	xībānyá
Spaniard (masc.)	西班牙人	xībānyá rén
Spaniard (fem.)	西班牙人	xībānyá rén
Spanish (adj)	西班牙的	xībānyá de

Italy	意大利	yìdàlì
Italian (masc.)	意大利人	yìdàlì rén
Italian (fem.)	意大利人	yìdàlì rén
Italian (adj)	意大利的	yìdàlì de

Cyprus	塞浦路斯	sàipǔlùsī
Cypriot (masc.)	塞浦路斯人	sàipǔlùsī rén
Cypriot (fem.)	塞浦路斯人	sàipǔlùsī rén
Cypriot (adj)	塞浦路斯的	sàipǔlùsī de

Malta	马耳他	mǎěrtā
Maltese (masc.)	马耳他人	mǎěrtā rén
Maltese (fem.)	马耳他人	mǎěrtā rén
Maltese (adj)	马耳他的	mǎěrtā de

Norway	挪威	nuówēi
Norwegian (masc.)	挪威人	nuówēi rén
Norwegian (fem.)	挪威人	nuówēi rén
Norwegian (adj)	挪威的	nuówēi de

Portugal	葡萄牙	pútáoyá
Portuguese (masc.)	葡萄牙人	pútáoyá rén
Portuguese (fem.)	葡萄牙人	pútáoyá rén
Portuguese (adj)	葡萄牙的	pútáoyá de

Finland	芬兰	fēnlán
Finn (masc.)	芬兰人	fēnlán rén
Finn (fem.)	芬兰人	fēnlán rén
Finnish (adj)	芬兰的	fēnlán de

France	法国	fǎguó
Frenchman	法国人	fǎguó rén
Frenchwoman	法国人	fǎguó rén
French (adj)	法国的	fǎguó de

Sweden	瑞典	ruìdiǎn
Swede (masc.)	瑞典人	ruìdiǎn rén
Swede (fem.)	瑞典人	ruìdiǎn rén
Swedish (adj)	瑞典的	ruìdiǎn de

Switzerland	瑞士	ruìshì
Swiss (masc.)	瑞士人	ruìshì rén
Swiss (fem.)	瑞士人	ruìshì rén
Swiss (adj)	瑞士的	ruìshì de

Scotland	苏格兰	sūgélán
Scottish (masc.)	苏格兰人	sūgélán rén
Scottish (fem.)	苏格兰人	sūgélán rén
Scottish (adj)	苏格兰的	sūgélán de

Vatican	梵蒂冈	fàndìgāng
Liechtenstein	列支敦士登	lièzhīdūnshìdēng
Luxembourg	卢森堡	lúsēnbǎo
Monaco	摩纳哥	mónàgē

235. Central and Eastern Europe

Albania	阿尔巴尼亚	āěrbāníyà
Albanian (masc.)	阿尔巴尼亚人	āěrbāníyà rén
Albanian (fem.)	阿尔巴尼亚人	āěrbāníyà rén
Albanian (adj)	阿尔巴尼亚的	āěrbāníyà de

Bulgaria	保加利亚	bǎojiālìyà
Bulgarian (masc.)	保加利亚人	bǎojiālìyà rén
Bulgarian (fem.)	保加利亚人	bǎojiālìyà rén
Bulgarian (adj)	保加利亚的	bǎojiālìyà de

Hungary	匈牙利	xiōngyálì
Hungarian (masc.)	匈牙利人	xiōngyálì rén
Hungarian (fem.)	匈牙利人	xiōngyálì rén
Hungarian (adj)	匈牙利的	xiōngyálì de

Latvia	拉脱维亚	lātuōwéiyà
Latvian (masc.)	拉脱维亚人	lātuōwéiyà rén
Latvian (fem.)	拉脱维亚人	lātuōwéiyà rén
Latvian (adj)	拉脱维亚的	lātuōwéiyà de

Lithuania	立陶宛	lìtáowǎn
Lithuanian (masc.)	立陶宛人	lìtáowǎn rén
Lithuanian (fem.)	立陶宛人	lìtáowǎn rén
Lithuanian (adj)	立陶宛的	lìtáowǎn de

Poland	波兰	bōlán
Pole (masc.)	波兰人	bōlán rén
Pole (fem.)	波兰人	bōlán rén

Polish (adj)	波兰的	bōlán de
Romania	罗马尼亚	luómǎníyà
Romanian (masc.)	罗马尼亚人	luómǎníyà rén
Romanian (fem.)	罗马尼亚人	luómǎníyà rén
Romanian (adj)	罗马尼亚的	luómǎníyà de

Serbia	塞尔维亚	sāiěrwéiyà
Serbian (masc.)	塞尔维亚人	sāiěrwéiyà rén
Serbian (fem.)	塞尔维亚人	sāiěrwéiyà rén
Serbian (adj)	塞尔维亚的	sāiěrwéiyà de

Slovakia	斯洛伐克	sīluòfákè
Slovak (masc.)	斯洛伐克人	sīluòfákè rén
Slovak (fem.)	斯洛伐克人	sīluòfákè rén
Slovak (adj)	斯洛伐克的	sīluòfákè de

Croatia	克罗地亚	kèluódìyà
Croatian (masc.)	克罗地亚人	kèluódìyà rén
Croatian (fem.)	克罗地亚人	kèluódìyà rén
Croatian (adj)	克罗地亚的	kèluódìyà de

Czech Republic	捷克共和国	jiékè gònghéguó
Czech (masc.)	捷克人	jiékè rén
Czech (fem.)	捷克人	jiékè rén
Czech (adj)	捷克的	jiékè de

Estonia	爱沙尼亚	àishāníyà
Estonian (masc.)	爱沙尼亚人	àishāníyà rén
Estonian (fem.)	爱沙尼亚人	àishāníyà rén
Estonian (adj)	爱沙尼亚的	àishāníyà de

Bosnia-Herzegovina	波斯尼亚-黑塞哥维那	bōsīníyà hēisègēwéinà
Macedonia	马其顿	mǎqídùn
Slovenia	斯洛文尼亚	sīluòwénníyà
Montenegro	黑山	hēishān

236. Former USSR countries

Azerbaijan	阿塞拜疆	āsàibàijiāng
Azerbaijani (masc.)	阿塞拜疆人	āsàibàijiāng rén
Azerbaijani (fem.)	阿塞拜疆人	āsàibàijiāng rén
Azerbaijani (adj)	阿塞拜疆的	āsàibàijiāng de

Armenia	亚美尼亚	yàměiníyà
Armenian (masc.)	亚美尼亚人	yàměiníyà rén
Armenian (fem.)	亚美尼亚人	yàměiníyà rén
Armenian (adj)	亚美尼亚的	yàměiníyà de

| Belarus | 白俄罗斯 | báiéluósī |
| Belarusian (masc.) | 白俄罗斯人 | báiéluósī rén |

| Belarusian (fem.) | 白俄罗斯人 | báiéluósī rén |
| Belarusian (adj) | 白俄罗斯的 | báiéluósī de |

Georgia	格鲁吉亚	gélǔjíyà
Georgian (masc.)	格鲁吉亚人	gélǔjíyà rén
Georgian (fem.)	格鲁吉亚人	gélǔjíyà rén
Georgian (adj)	格鲁吉亚的	gélǔjíyà de
Kazakhstan	哈萨克斯坦	hāsàkèsītǎn
Kazakh (masc.)	哈萨克人	hāsàkè rén
Kazakh (fem.)	哈萨克人	hāsàkè rén
Kazakh (adj)	哈萨克的	hāsàkè de

Kirghizia	吉尔吉斯	jíěrjísī
Kirghiz (masc.)	吉尔吉斯人	jíěrjísī rén
Kirghiz (fem.)	吉尔吉斯人	jíěrjísī rén
Kirghiz (adj)	吉尔吉斯的	jíěrjísī de

Moldavia	摩尔多瓦	móěrduōwǎ
Moldavian (masc.)	摩尔多瓦人	móěrduōwǎ rén
Moldavian (fem.)	摩尔多瓦人	móěrduōwǎ rén
Moldavian (adj)	摩尔多瓦的	móěrduōwǎ de
Russia	俄罗斯	éluósī
Russian (masc.)	俄罗斯的	éluósī de
Russian (fem.)	俄罗斯人	éluósī rén
Russian (adj)	俄罗斯的	éluósī de

Tajikistan	塔吉克斯坦	tǎjíkèsītǎn
Tajik (masc.)	塔吉克人	tǎjíkè rén
Tajik (fem.)	塔吉克人	tǎjíkè rén
Tajik (adj)	塔吉克的	tǎjíkè de

Turkmenistan	土库曼斯坦	tǔkùmànsītǎn
Turkmen (masc.)	土库曼人	tǔkùmàn rén
Turkmen (fem.)	土库曼人	tǔkùmàn rén
Turkmenian (adj)	土库曼的	tǔkùmàn de

Uzbekistan	乌兹别克斯坦	wūzībiékèsītǎn
Uzbek (masc.)	乌兹别克人	wūzībiékè rén
Uzbek (fem.)	乌兹别克人	wūzībiékè rén
Uzbek (adj)	乌兹别克的	wūzībiékè de

Ukraine	乌克兰	wūkèlán
Ukrainian (masc.)	乌克兰人	wūkèlán rén
Ukrainian (fem.)	乌克兰人	wūkèlán rén
Ukrainian (adj)	乌克兰的	wūkèlán de

237. Asia

| Asia | 亚洲 | yàzhōu |
| Asian (adj) | 亚洲的 | yàzhōu de |

Vietnam	越南	yuènán
Vietnamese (masc.)	越南人	yuènán rén
Vietnamese (fem.)	越南人	yuènán rén
Vietnamese (adj)	越南的	yuènán de

India	印度	yìndù
Indian (masc.)	印度人	yìndù rén
Indian (fem.)	印度人	yìndù rén
Indian (adj)	印度的	yìndù de

Israel	以色列	yǐsèliè
Israeli (masc.)	以色列人	yǐsèliè rén
Israeli (fem.)	以色列人	yǐsèliè rén
Israeli (adj)	以色列的	yǐsèliè de

Jew (n)	犹太人	yóutài rén
Jewess (n)	犹太人	yóutài rén
Jewish (adj)	犹太的	yóutài de

China	中国	zhōngguó
Chinese (masc.)	中国人	zhōngguó rén
Chinese (fem.)	中国人	zhōngguó rén
Chinese (adj)	中国的	zhōngguó de

Korean (masc.)	韩国人	hánguó rén
Korean (fem.)	韩国人	hánguó rén
Korean (adj)	韩国的	hánguó de

Lebanon	黎巴嫩	líbānèn
Lebanese (masc.)	黎巴嫩人	líbānèn rén
Lebanese (fem.)	黎巴嫩人	líbānèn rén
Lebanese (adj)	黎巴嫩的	líbānèn de

Mongolia	蒙古	ménggǔ
Mongolian (masc.)	蒙古人	ménggǔ rén
Mongolian (fem.)	蒙古人	ménggǔ rén
Mongolian (adj)	蒙古的	ménggǔ de

Malaysia	马来西亚	mǎláixīyà
Malaysian (masc.)	马来西亚人	mǎláixīyà rén
Malaysian (fem.)	马来西亚人	mǎláixīyà rén
Malaysian (adj)	马来西亚的	mǎláixīyà de

Pakistan	巴基斯坦	bājīsītǎn
Pakistani (masc.)	巴基斯坦人	bājīsītǎn rén
Pakistani (fem.)	巴基斯坦人	bājīsītǎn rén
Pakistani (adj)	巴基斯坦的	bājīsītǎn de

Saudi Arabia	沙特阿拉伯	shātè ālābó
Arab (masc.)	阿拉伯人	ālābó rén
Arab (fem.)	阿拉伯人	ālābó rén
Arabian (adj)	阿拉伯的	ālābó de

Thailand	泰国	tàiguó
Thai (masc.)	泰国人	tàiguó rén
Thai (fem.)	泰国人	tàiguó rén
Thai (adj)	泰国的	tàiguó de

Taiwan	台湾	táiwān
Taiwanese (masc.)	台湾人	táiwān rén
Taiwanese (fem.)	台湾人	táiwān rén
Taiwanese (adj)	台湾的	táiwān de

Turkey	土耳其	tǔěrqí
Turk (masc.)	土耳其人	tǔěrqí rén
Turk (fem.)	土耳其人	tǔěrqí rén
Turkish (adj)	土耳其的	tǔěrqí de

Japan	日本	rìběn
Japanese (masc.)	日本人	rìběn rén
Japanese (fem.)	日本人	rìběn rén
Japanese (adj)	日本的	rìběn de

Afghanistan	阿富汗	āfùhàn
Bangladesh	孟加拉国	mèngjiālāguó
Indonesia	印度尼西亚	yìndùníxīyà
Jordan	约旦	yuēdàn

Iraq	伊拉克	yīlākè
Iran	伊朗	yīlǎng
Cambodia	柬埔寨	jiǎnpǔzhài
Kuwait	科威特	kēwēitè

Laos	老挝	lǎowō
Myanmar	缅甸	miǎndiàn
Nepal	尼泊尔	níbóěr
United Arab Emirates	阿联酋	ēliánqiú

| Syria | 叙利亚 | xùlìyà |
| Palestine | 巴勒斯坦 | bālèsītǎn |

| South Korea | 韩国 | hánguó |
| North Korea | 北朝鲜 | běicháoxiǎn |

238. North America

United States of America	美国	měiguó
American (masc.)	美国人	měiguó rén
American (fem.)	美国人	měiguó rén
American (adj)	美国的	měiguó de

| Canada | 加拿大 | jiānádà |
| Canadian (masc.) | 加拿大人 | jiānádà rén |

Canadian (fem.)	加拿大人	jiānádà rén
Canadian (adj)	加拿大的	jiānádà de
Mexico	墨西哥	mòxīgē
Mexican (masc.)	墨西哥人	mòxīgē rén
Mexican (fem.)	墨西哥人	mòxīgē rén
Mexican (adj)	墨西哥的	mòxīgē de

239. Central and South America

Argentina	阿根廷	āgēntíng
Argentinian (masc.)	阿根廷人	āgēntíng rén
Argentinian (fem.)	阿根廷人	āgēntíng rén
Argentinian (adj)	阿根廷的	āgēntíng de

Brazil	巴西	bāxī
Brazilian (masc.)	巴西人	bāxī rén
Brazilian (fem.)	巴西人	bāxī rén
Brazilian (adj)	巴西的	bāxī de

Colombia	哥伦比亚	gēlúnbǐyà
Colombian (masc.)	哥伦比亚人	gēlúnbǐyà rén
Colombian (fem.)	哥伦比亚人	gēlúnbǐyà rén
Colombian (adj)	哥伦比亚的	gēlúnbǐyà de

Cuba	古巴	gǔbā
Cuban (masc.)	古巴人	gǔbā rén
Cuban (fem.)	古巴人	gǔbā rén
Cuban (adj)	古巴的	gǔbā de

Chile	智利	zhìlì
Chilean (masc.)	智利人	zhìlì rén
Chilean (fem.)	智利人	zhìlì rén
Chilean (adj)	智利的	zhìlì de

| Bolivia | 玻利维亚 | bōlìwéiyà |
| Venezuela | 委内瑞拉 | wěinèiruìlā |

| Paraguay | 巴拉圭 | bālāguī |
| Peru | 秘鲁 | bìlǔ |

Suriname	苏里南	sūlǐnán
Uruguay	乌拉圭	wūlāguī
Ecuador	厄瓜多尔	èguāduōěr

The Bahamas	巴哈马群岛	bāhāmǎ qúndǎo
Haiti	海地	hǎidì
Dominican Republic	多米尼加共和国	duōmǐníjiāgònghéguó

| Panama | 巴拿马 | bānámǎ |
| Jamaica | 牙买加 | yámǎijiā |

240. Africa

Egypt	埃及	āijí
Egyptian (masc.)	埃及人	āijí rén
Egyptian (fem.)	埃及人	āijí rén
Egyptian (adj)	埃及的	āijí de

Morocco	摩洛哥	móluògē
Moroccan (masc.)	摩洛哥人	móluògē rén
Moroccan (fem.)	摩洛哥人	móluògē rén
Moroccan (adj)	摩洛哥的	móluògē de

Tunisia	突尼斯	tūnísī
Tunisian (masc.)	突尼斯人	tūnísī rén
Tunisian (fem.)	突尼斯人	tūnísī rén
Tunisian (adj)	突尼斯的	tūnísī de

Ghana	加纳	jiā nà
Zanzibar	桑给巴尔	sāngjǐbāěr
Kenya	肯尼亚	kěn ní yà
Libya	利比亚	lìbǐyà
Madagascar	马达加斯加	mǎdájiāsījiā

Namibia	纳米比亚	nàmǐbǐyà
Senegal	塞内加尔	sàinèijiāěr
Tanzania	坦桑尼亚	tǎnsāngníyà
South Africa	南非	nánfēi

African (masc.)	非洲人	fēizhōu rén
African (fem.)	非洲人	fēizhōu rén
African (adj)	非洲的	fēizhōu de

241. Australia. Oceania

| Australia | 澳大利亚 | àodàlìyà |
| Australian (masc.) | 澳大利亚人 | àodàlìyà rén |

| Australian (fem.) | 澳大利亚人 | àodàlìyà rén |
| Australian (adj) | 澳大利亚的 | àodàlìyà de |

| New Zealand | 新西兰 | xīnxīlán |
| New Zealander (masc.) | 新西兰人 | xīnxīlán rén |

| New Zealander (fem.) | 新西兰人 | xīnxīlán rén |
| New Zealand (as adj) | 新西兰的 | xīnxīlán de |

| Tasmania | 塔斯马尼亚 | tǎsīmǎníyà |
| French Polynesia | 法属波利尼西亚 | fǎshǔ bōlìníxīyà |

242. Cities

Amsterdam	阿姆斯特丹	āmǔsītèdān
Ankara	安卡拉	ānkǎlā
Athens	雅典	yǎdiǎn
Baghdad	巴格达	bāgédá
Bangkok	曼谷	màngǔ
Barcelona	巴塞罗那	bāsàiluónà
Beijing	北京	běijīng
Beirut	贝鲁特	bèilǔtè
Berlin	柏林	bólín
Bombay, Mumbai	孟买	mèngmǎi
Bonn	波恩	bōēn
Bordeaux	波尔多	bōěrduō
Bratislava	布拉蒂斯拉发	bùlādìsīlāfā
Brussels	布鲁塞尔	bùlǔsàiěr
Bucharest	布加勒斯特	bùjiālèsītè
Budapest	布达佩斯	bùdápèisī
Cairo	开罗	kāiluó
Calcutta	加尔各答	jiāěrgèdá
Chicago	芝加哥	zhījiāgē
Copenhagen	哥本哈根	gēběnhāgēn
Dar-es-Salaam	达累斯萨拉姆	dálèisàlāmǔ
Delhi	德里	délǐ
Dubai	迪拜	díbài
Dublin	都柏林	dūbólín
Düsseldorf	杜塞尔多夫	dùsàierduōfū
Florence	佛洛伦萨	fóluòlúnsà
Frankfurt	法兰克福	fǎlánkèfú
Geneva	日内瓦	rìnèiwǎ
The Hague	海牙	hǎiyá
Hamburg	汉堡	hàn bǎo
Hanoi	河内	hénèi
Havana	哈瓦那	hāwǎnà
Helsinki	赫尔辛基	hèěrxīnjī
Hiroshima	广岛	guǎngdǎo
Hong Kong	香港	xiānggǎng
Istanbul	伊斯坦布尔	yīsītǎnbùěr
Jerusalem	耶路撒冷	yēlùsālěng
Kiev	基辅	jīfǔ
Kuala Lumpur	吉隆坡	jílóngpō
Lisbon	里斯本	lǐsīběn
London	伦敦	lúndūn
Los Angeles	洛杉矶	luòshānjī

Lyons	里昂	lǐáng
Madrid	马德里	mǎdélǐ
Marseille	马赛	mǎsài
Mexico City	墨西哥城	mòxīgēchéng
Miami	迈阿密	màiāmì
Montreal	蒙特利尔	méngtèlìěr
Moscow	莫斯科	mòsīkē
Munich	慕尼黑	mùníhēi
Nairobi	内罗毕	nèiluóbì
Naples	那布勒斯	nàbùlēisī
New York	纽约	niǔyuē
Nice	尼斯	nísī
Oslo	奥斯陆	àosīlù
Ottawa	渥太华	wòtàihuá
Paris	巴黎	bālí
Prague	布拉格	bùlāgé
Rio de Janeiro	里约热内卢	lǐyuērènèilú
Rome	罗马	luómǎ
Saint Petersburg	圣彼得堡	shèngbǐdébǎo
Seoul	首尔	shǒuěr
Shanghai	上海	shànghǎi
Singapore	新加坡	xīnjiāpō
Stockholm	斯德哥尔摩	sīdégēěrmó
Sydney	悉尼	xīní
Taipei	台北	táiběi
Tokyo	东京	dōngjīng
Toronto	多伦多	duōlúnduō
Venice	威尼斯	wēinísī
Vienna	维也纳	wéiyěnà
Warsaw	华沙	huáshā
Washington	华盛顿哥伦比亚特区	huáshèngdùn gēlúnbǐyà tèqū

243. Politics. Government. Part 1

politics	政治	zhèng zhì
political (adj)	政治的	zhèng zhì de
politician	政治家	zhèng zhì jiā
state (country)	国家	guó jiā
citizen	公民	gōng mín
citizenship	国籍	guó jí
national emblem	国徽	guó huī
national anthem	国歌	guó gē

government	政府	zhèng fǔ
head of state	国家元首	guó jiā yuán shǒu
parliament	国会	guó huì
party	党	dǎng

| capitalism | 资本主义 | zīběn zhǔyì |
| capitalist (adj) | 资本主义的 | zīběn zhǔyìde |

| socialism | 社会主义 | shèhuì zhǔyì |
| socialist (adj) | 社会主义的 | shèhuì zhǔyìde |

communism	共产主义	gòngchǎn zhǔyì
communist (adj)	共产主义的	gòngchǎn zhǔyì de
communist (n)	共产主义者	gòngchǎn zhǔyì zhě

democracy	民主	mínzhǔ
democrat	民主党人	mínzhǔ dǎng rén
democratic (adj)	民主的	mínzhǔ de
Democratic party	民主党	mínzhǔ dǎng

liberal (n)	自由主义者	zìyóu zhǔyì zhě
liberal (adj)	自由主义的	zìyóu zhǔyì de
conservative (n)	保守的人	bǎoshǒu de rén
conservative (adj)	保守的	bǎoshǒu de

republic (n)	共和国	gònghé guó
republican (n)	共和党人	gònghé dǎng rén
Republican party	共和党	gònghé dǎng

| poll, elections | 选举 | xuǎnjǔ |
| to elect (vt) | 选举 | xuǎnjǔ |

| elector, voter | 选举人 | xuǎnjǔ rén |
| election campaign | 选举运动 | xuǎnjǔ yùndòng |

voting (n)	投票	tóu piào
to vote (vi)	投票	tóu piào
suffrage, right to vote	投票权	tóupiào quán

candidate	候选人	hòuxuǎnrén
to be a candidate	作候选人	zuò hòuxuǎnrén
campaign	运动	yùn dòng

| opposition (as adj) | 反对党的 | fǎn duì dǎng de |
| opposition (n) | 反对党 | fǎn duì dǎng |

visit	访问	fǎng wèn
official visit	正式访问	zhèng shì fǎng wèn
international (adj)	国际的	guó jì de

| negotiations | 谈判 | tánpàn |
| to negotiate (vi) | 进行谈判 | jìnxíng tánpàn |

244. Politics. Government. Part 2

society	社会	shè huì
constitution	宪法	xiàn fǎ
power (political control)	政权	zhèng quán
corruption	贪污	tān wū
law (justice)	法律	fǎ lǜ
legal (legitimate)	合法的	hé fǎ de
justice (fairness)	公正	gōng zhèng
just (fair)	公正的	gōng zhèng de
committee	委员会	wěi yuán huì
bill (draft law)	法案	fǎ àn
budget	预算	yù suàn
policy	政策	zhèng cè
reform	改革	gǎi gé
radical (adj)	激进的	jī jìn de
power (strength, force)	力，力量	lì, lì liang
powerful (adj)	有权势的	yǒu quán shì de
supporter	支持者	zhī chí zhě
influence	影响	yǐng xiǎng
regime (e.g., military ~)	政权	zhèng quán
conflict	冲突	chōng tū
conspiracy (plot)	阴谋	yīn móu
provocation	挑衅，挑拨	tiǎo xìn, tiǎo bō
to overthrow (regime, etc.)	推翻	tuī fān
overthrow (of government)	推翻	tuī fān
revolution	革命	gé mìng
coup d'état	政变	zhèng biàn
military coup	军事政变	jūn shì zhèng biàn
crisis	危机	wēi jī
economic recession	经济衰退	jīng jì shuāi tuì
demonstrator (protester)	示威者	shì wēi zhě
demonstration	示威	shì wēi
martial law	军方管制	jūn fāng guǎn zhì
military base	军事基地	jūn shì jī dì
stability	稳定	wěn dìng
stable (adj)	稳定的	wěn dìng de
exploitation	剥削	bō xuē
to exploit (workers)	剥削	bō xuē
racism	种族主义	zhǒngzú zhǔ yì
racist	种族主义者	zhǒngzú zhǔ yì zhě

| fascism | 法西斯主义 | fǎxīsī zhǔ yì |
| fascist | 法西斯分子 | fǎ xī sī fèn zǐ |

245. Countries. Miscellaneous

foreigner	外国人	wài guó rén
foreign (adj)	外国的	wài guó de
abroad (adv)	国外	guó wài

emigrant	移民	yí mín
emigration	迁移出境	qiān yí chū jìng
to emigrate (vi)	移居国外	yí jū guó wài

the West	西方	xī fāng
the East	东方	dōng fāng
the Far East	远东	yuǎn dōng

| civilization | 文明 | wén míng |
| humanity (mankind) | 人类 | rén lèi |

world (earth)	世界	shì jiè
peace	和平	hé píng
worldwide (adj)	全世界的	quán shì jiè de

homeland	祖国	zǔ guó
people (population)	民族	mín zú
population	人口	rén kǒu
people (a lot of ~)	人们	rén men

| nation (people) | 民族 | mín zú |
| generation | 一代人 | yī dài rén |

territory (area)	领土	lǐng tǔ
region	区域	qū yù
state (part of a country)	州	zhōu

tradition	传统	chuán tǒng
custom (tradition)	风俗	fēng sú
ecology	生态学	shēng tài xué

Indian (Native American)	印第安人	yìndiān rén
Gipsy (masc.)	吉普赛人	jípǔsài rén
Gipsy (fem.)	吉普赛人	jípǔsài rén
Gipsy (adj)	吉普赛人的	jípǔsài rén de

empire	帝国	dì guó
colony	殖民地	zhí mín dì
slavery	奴隶制	nú lì zhì
invasion	侵略	qīn lüè
famine	饥荒	jī huāng

246. Major religious groups. Confessions

religion	宗教	zōng jiào
religious (adj)	宗教的	zōng jiào de
faith, belief	信仰	xìn yǎng
to believe (in God)	信教	xìn jiào
believer	信徒	xìntú
atheism	无神论	wú shén lùn
atheist	无神论者	wú shén lùn zhě
Christianity	基督教	jīdū jiào
Christian (n)	基督徒	jīdū tú
Christian (adj)	基督教的	jīdū jiào de
Catholicism	天主教	tiān zhǔ jiào
Catholic (n)	天主教徒	tiān zhǔ jiào tú
Catholic (adj)	天主教的	tiān zhǔ jiào de
Protestantism	新教	xīn jiào
Protestant Church	新教会	xīn jiào huì
Protestant	新教徒	xīn jiào tú
Orthodoxy	东正教	dōng zhèng jiào
Orthodox Church	东正教教堂	dōng zhèng jiào jiàotáng
Orthodox	东正教的	dōng zhèng jiào de
Presbyterianism	长老会	zhǎng lǎo huì
Presbyterian Church	长老会	zhǎng lǎo huì
Presbyterian (n)	长老会教徒	zhǎng lǎo huì jiàotú
Lutheranism	路德会	lù dé huì
Lutheran (n)	路德会教友	lù dé huì jiào yǒu
Baptist Church	浸礼会	jìn lǐ huì
Baptist (n)	浸礼会教友	jìn lǐ huì jiào yǒu
Anglican Church	圣公会	shèng gōng huì
Anglican (n)	圣公会信徒	shèng gōng huì xìn tú
Mormonism	摩门教	mómén jiào
Mormon (n)	摩门教徒	mómén jiào tú
Judaism	犹太教	yóu tài jiào
Jew (n)	犹太教徒	yóu tài jiào tú
Buddhism	佛教	fójiào
Buddhist (n)	佛教徒	fójiào tú
Hinduism	印度教	yìndù jiào
Hindu (n)	印度教徒	yìndù jiào tú

Islam	伊斯兰教	yīsīlán jiào
Muslim (n)	穆斯林	mùsīlín
Muslim (adj)	穆斯林的	mùsīlín de

Shiah Islam	什叶派	shíyèpài
Shiite (n)	什叶派	shíyèpài
Sunni Islam	逊尼派	xùnnípài
Sunnite (n)	逊尼派	xùnnípài

247. Religions. Priests

| priest | 神父 | shén fù |
| the Pope | 教皇 | jiào huáng |

monk, friar	僧侣，修道士	sēng lǚ, xiū dào shì
nun	修女	xiū nǚ
pastor	牧师	mù shī

| abbot | 男修道院院长 | nán xiūdàoyuàn yuànzhǎng |

vicar (parish priest)	教区牧师	jiào qū mù shī
bishop	主教	zhǔ jiào
cardinal	红衣主教	hóng yī zhǔ jiào

preacher	传教士	chuán jiào shì
preaching	布道	bù dào
parishioners	教区居民	jiào qū jū mín

| believer | 信徒 | xìntú |
| atheist | 无神论者 | wú shén lùn zhě |

248. Faith. Christianity. Islam

| Adam | 亚当 | yà dāng |
| Eve | 夏娃 | xià wá |

God	上帝	shàng dì
the Lord	上帝	shàng dì
the Almighty	上帝	shàng dì

sin	罪	zuì
to sin (vi)	犯罪	fàn zuì
sinner (masc.)	罪人	zuì rén
sinner (fem.)	罪人	zuì rén

hell	地狱	dì yù
paradise	天堂	tiān táng
Jesus	耶稣	yēsū

Jesus Christ	耶稣基督	yēsū jīdū
the Holy Spirit	圣灵	shèng líng
the Savior	救世主	jiù shì zhǔ
the Virgin Mary	圣母	shèng mǔ

the Devil	魔鬼	mó guǐ
devil's (adj)	魔鬼的	mó guǐ de
Satan	撒旦	sā dàn
satanic (adj)	撒旦的	sā dàn de

angel	天使	tiān shǐ
guardian angel	守护天使	shǒu hù tiān shǐ
angelic (adj)	天使的	tiān shǐ de

apostle	使徒	shǐ tú
archangel	天使长	tiān shǐzhǎng
the Antichrist	敌基督	dí jī dū

Church	教会	jiào huì
Bible	圣经	shèng jīng
biblical (adj)	圣经的	shèng jīng de

Old Testament	旧约全书	jiù yuē quán shū
New Testament	新约全书	xīn yuē quán shū
Gospel	福音书	fú yīn shū
Holy Scripture	圣经	shèng jīng
heaven	天堂	tiān táng

Commandment	诫	jiè
prophet	先知	xiān zhī
prophecy	预言	yù yán

Allah	真主	zhēnzhǔ
Mohammed	穆罕默德	mùhǎnmòdé
the Koran	古兰经	gǔlánjīng

mosque	清真寺	qīng zhēn sì
mullah	毛拉	máo lā
prayer	祈祷文	qí dǎo wén
to pray (vi, vt)	祈祷	qí dǎo

pilgrimage	朝圣	cháo shèng
pilgrim	朝圣者	cháo shèng zhě
Mecca	麦加	màijiā

church	教会	jiào huì
temple	庙宇，教堂	miào yǔ, jiào táng
cathedral	大教堂	dà jiào táng
Gothic (adj)	哥特式的	gē tè shì de
synagogue	犹太教堂	yóu tài jiào táng
mosque	清真寺	qīng zhēn sì
chapel	小教堂	xiǎo jiào táng

abbey	修道院	xiū dào yuàn
convent	女修道院	nǚ xiū dào yuàn
monastery	男修道院	nán xiū dào yuàn

bell (in church)	钟	zhōng
bell tower	钟楼	zhōng lóu
to ring (ab. bells)	响	xiǎng

cross	十字架	shí zì jià
cupola (roof)	圆顶	yuán dǐng
icon	圣像	shèng xiàng

soul	灵魂	líng hún
fate (destiny)	命运	mìng yùn
evil (n)	恶	è
good (n)	美德	měi dé

vampire	吸血鬼	xī xuè guǐ
witch (sorceress)	巫婆	wū pó
demon	魔鬼	mó guǐ
devil	魔鬼	mó guǐ
spirit	鬼魂，幽灵	guǐ hún, yōu líng

| redemption (giving us ~) | 赎罪 | shú zuì |
| to redeem (vt) | 拯救 | zhěng jiù |

church service, mass	礼拜	lǐ bài
to say mass	作礼拜	zuò lǐ bài
confession	忏悔	chàn huǐ
to confess (vi)	忏悔	chàn huǐ

saint (n)	圣徒	shèng tú
sacred (holy)	神圣的	shén shèng de
holy water	圣水	shèng shuǐ

ritual (n)	仪式	yí shì
ritual (adj)	仪式的	yí shì de
sacrifice	祭品	jì pǐn

superstition	迷信	mí xìn
superstitious (adj)	迷信的	mí xìn de
afterlife	来世，来生	lái shì, lái shēng
eternal life	永生	yǒng shēng

MISCELLANEOUS

249. Various useful words

background (green ~)	背景	bèi jǐng
balance (of situation)	平衡	píng héng
barrier (obstacle)	障碍	zhàng ài
base (basis)	基础	jī chǔ
beginning	起点	qǐ diǎn
category	类别	lèi bié
cause (reason)	原因	yuán yīn
choice	选择	xuǎn zé
coincidence	巧合	qiǎo hé
comfortable (~ chair)	舒适的	shū shì de
comparison	比较	bǐ jiào
compensation	补偿	bǔ cháng
degree (extent, amount)	程度	chéng dù
development	发展	fā zhǎn
difference	差别	chā bié
effect (e.g., of drugs)	结果	jié guǒ
effort (exertion)	努力	nǔ lì
element	要素	yào sù
end (finish)	终点	zhōng diǎn
example (illustration)	例子	lì zi
fact	事实	shì shí
frequent (adj)	频繁的	pín fán de
growth (development)	生长	shēng zhǎng
help	帮助	bāng zhù
ideal	理想	lǐ xiǎng
kind (sort, type)	种类	zhǒng lèi
labyrinth	迷宫	mí gōng
mistake, error	错误	cuò wù
moment	时刻	shí kè
object (thing)	物体	wù tǐ
obstacle	障碍物	zhàng ài wù
original (original copy)	原作	yuán zuò
part (~ of sth)	部分	bù fèn
particle, small part	微粒	wēi lì
pause (break)	停顿	tíng dùn

position	位置	wèi shi
principle	原则	yuán zé
problem	问题	wèn tí

process	过程	guò chéng
progress	进步	jìn bù
property (quality)	性质	xìng zhì
reaction	反映	fǎn yìng
risk	冒险	mào xiǎn

secret	秘密	mì mì
section (sector)	部分	bù fèn
series	系列	xì liè
shape (outer form)	形状	xíng zhuàng
situation	情况	qíng kuàng

solution	解决办法	jiě jué bàn fǎ
standard (adj)	标准的	biāo zhǔn de
standard (level of quality)	标准	biāo zhǔn
stop (pause)	停顿	tíng dùn
style	风格	fēng gé
system	系统	xì tǒng

table (chart)	表格	biǎo gé
tempo, rate	速度	sù dù
term (word, expression)	术语	shù yǔ
thing (object, item)	东西	dōng xi
truth	真理	zhēn lǐ
turn (please wait your ~)	轮到	lún dào
type (sort, kind)	类型	lèi xíng

urgent (adj)	紧急的	jǐn jí de
urgently (adv)	紧急地	jǐn jí de
utility (usefulness)	益处	yì chù

variant (alternative)	变体	biàn tǐ
way (means, method)	方法	fāng fǎ
zone	地区	dì qū

250. Modifiers. Adjectives. Part 1

additional (adj)	附加的	fù jiā de
ancient (~ civilization)	古代的	gǔ dài de
artificial (adj)	人造的	rén zào de
back, rear (adj)	后面的	hòu mian de
bad (adj)	坏的	huài de

beautiful (~ palace)	美丽的	měi lì de
beautiful (person)	漂亮的	piào liang de
big (in size)	大的	dà de

bitter (taste)	苦的	kǔ de
blind (sightless)	瞎的	xiā de
calm, quiet (adj)	平静的	píng jìng de
careless (negligent)	草率的	cǎo shuài de
caring (~ father)	关心的	guān xīn de
central (adj)	中间的	zhōng jiān de
cheap (adj)	便宜的	pián yi de
cheerful (adj)	欢乐的	huān lè de
children's (adj)	儿童的	ér tóng de
civil (~ law)	公民的	gōng mín de
clandestine (secret)	隐秘	yǐn mì
clean (free from dirt)	干净的	gān jìng de
clear (explanation, etc.)	清晰的	qīng xī de
clever (smart)	聪明的	cōng ming de
close (near in space)	近的	jìn de
closed (adj)	关闭的	guān bì de
cloudless (sky)	无云的	wú yún de
cold (drink, weather)	冷的	lěng de
compatible (adj)	兼容的	jiān róng de
contented (adj)	满意的	mǎnyì de
continuous (adj)	持久的	chí jiǔ de
continuous (incessant)	不断的	bù duàn de
convenient (adj)	合适的	hé shì de
cool (weather)	凉快的	liáng kuai de
dangerous (adj)	危险的	wēi xiǎn de
dark (room)	暗的	àn de
dead (not alive)	死的	sǐ de
dense (fog, smoke)	浓的	nóng de
difficult (decision)	难的	nán de
difficult (problem, task)	困难的	kùn nan de
dim, faint (light)	昏暗的	hūn àn de
dirty (not clean)	脏的	zāng de
distant (faraway)	遥远的	yáo yuǎn de
distant (in space)	远的	yuǎn de
dry (clothes, etc.)	干的	gān de
easy (not difficult)	容易的	róng yì de
empty (glass, room)	空的	kōng de
exact (amount)	精确的	jīng què de
excellent (adj)	卓越的	zhuó yuè de
excessive (adj)	过分的	guò fèn de
expensive (adj)	贵的	guì de
exterior (adj)	外面的	wài mian de
fast (quick)	快的	kuài de

fatty (food)	肥的	féi de
fertile (land, soil)	肥沃的	féi wò de
flat (~ panel display)	平板	píng bǎn
even (e.g., ~ surface)	平坦的	píng tǎn de
foreign (adj)	外国的	wài guó de
fragile (china, glass)	易碎的	yì suì de
free (at no cost)	免费的	miǎn fèi de
free (unrestricted)	自由的	zì yóu de
fresh (~ water)	淡水的	dàn shuǐ de
fresh (e.g., ~ bread)	新鲜的	xīn xiān de
frozen (food)	冷冻的	lěng dòng de
full (completely filled)	满的	mǎn de
good (book, etc.)	好的	hǎo de
good (kindhearted)	善良的	shàn liáng de
grateful (adj)	感激的	gǎn jī de
happy (adj)	幸福的	xìng fú de
hard (not soft)	硬的	yìng de
heavy (in weight)	重的	zhòng de
hostile (adj)	不友善的	bù yǒu shàn de
hot (adj)	烫的	tàng de
huge (adj)	巨大的	jù dà de
humid (adj)	潮湿的	cháo shī de
hungry (adj)	饿的	è de
ill (sick, unwell)	生病的	shēng bìng de
immobile (adj)	不动的	bù dòng de
important (adj)	重要的	zhòng yào de
impossible (adj)	不可能的	bù kě néng de
incomprehensible	不清楚的	bù qīng chu de
indispensable (adj)	不可缺少的	bù kě quēshǎo de
inexperienced (adj)	没有经验的	méiyǒu jīngyàn de
insignificant (adj)	不重要的	bù zhòng yào de
interior (adj)	里面的	lǐ miàn de
joint (~ decision)	共同的	gòng tóng de
last (e.g., ~ week)	上 … ，过去的	shàng …, guòqu de
last (final)	最后的	zuì hòu de
left (e.g., ~ side)	左边的	zuǒ bian de
legal (legitimate)	合法的	hé fǎ de
light (in weight)	轻的	qīng de
light (pale color)	淡色	dàn sè
limited (adj)	有限的	yǒu xiàn de
liquid (fluid)	液态的	yè tài de
long (e.g., ~ way)	长的	cháng de
loud (voice, etc.)	大声的	dà shēng de
low (voice)	低声的	dī shēng de

251. Modifiers. Adjectives. Part 2

main (principal)	主要的	zhǔ yào de
matt (paint)	无光泽的	wú guāng zé de
meticulous (job)	一丝不苟的	yī sī bù gǒu de
mysterious (adj)	神秘的	shén mì de
narrow (street, etc.)	窄的	zhǎi de
native (of country)	祖国的	zǔ guó de
nearby (adj)	近的	jìn de
near-sighted (adj)	近视的	jìn shì de
necessary (adj)	必要的	bì yào de
negative (~ response)	否定的	fǒu dìng de
neighboring (adj)	邻近的	lín jìn de
nervous (adj)	紧张的	jǐn zhāng de
new (adj)	新的	xīn de
next (e.g., ~ week)	下一	xià yī
nice (kind)	好心的	hǎo xīn de
nice (voice)	好听的	hǎo tīng de
normal (adj)	正常的	zhèng cháng de
not big (adj)	不大的	bù dà de
unclear (adj)	不明确	bù míng què
not difficult (adj)	不难的	bù nánde
obligatory (adj)	必需的	bì xū de
old (house)	旧的	jiù de
open (adj)	开的	kāi de
opposite (adj)	对面的	duì miàn de
ordinary (usual)	平常的	píng cháng de
original (unusual)	特别的	tè bié de
past (recent)	过去的	guò qu de
permanent (adj)	长期的	cháng qī de
personal (adj)	个人的	gè rén de
polite (adj)	礼貌的	lǐ mào de
poor (not rich)	贫穷的	pín qióng de
possible (adj)	可能的	kě néng de
destitute (extremely poor)	极为贫穷的	jí wéi píngqióng de
present (current)	目前的	mù qián de
principal (main)	基本的	jī běn de
private (~ jet)	私立的	sī lì de
probable (adj)	可能的	kě néng de
public (open to all)	公共的	gōng gòng de
punctual (person)	准时的	zhǔn shí de
quiet (tranquil)	安静的	ān jìng de
rare (adj)	罕见的	hǎn jiàn de

raw (uncooked)	生的	shēng de
right (not left)	右边的	yòu bian de
right, correct (adj)	正确的	zhèng què de
ripe (fruit)	成熟的	chéng shú de
risky (adj)	冒险的	mào xiǎn de
sad (~ look)	不幸福的	bù xìng fú de
sad (depressing)	悲哀的	bēi āi de
safe (not dangerous)	安全的	ān quán de
salty (food)	咸的	xián de
satisfied (customer)	满足的	mǎn zú de
second hand (adj)	二手的	èr shǒu de
shallow (water)	浅的	qiǎn de
sharp (blade, etc.)	锋利的	fēng lì de
short (in length)	短的	duǎn de
short, short-lived (adj)	短期的	duǎn qī de
significant (notable)	重要的	zhòng yào de
similar (adj)	相像的	xiāng xiàng de
simple (easy)	简单的	jiǎn dān de
skinny	瘦的	shòu de
thin (person)	瘦的	shòu de
small (in size)	小的	xiǎo de
smooth (surface)	平滑的	píng huá de
soft (to touch)	软的	ruǎn de
solid (~ wall)	坚固的	jiāng ù de
somber, gloomy (adj)	黑暗的	hēi àn de
sour (flavor, taste)	酸的	suān de
spacious (house, etc.)	宽敞的	kuān chang de
special (adj)	特殊的	tè shū de
straight (line, road)	直的	zhí de
strong (person)	强壮的	qiáng zhuàng de
stupid (foolish)	笨的	bèn de
sunny (day)	阳光充足的	yáng guāng chōng zú de
superb, perfect (adj)	非常好的	fēicháng hǎo de
swarthy (adj)	黝黑的	yǒu hēi de
sweet (sugary)	甜的	tián de
tan (adj)	晒黑的	shài hēi de
tasty (adj)	美味的	měi wèi de
tender (affectionate)	温柔的	wēn róu de
the highest (adj)	最高的	zuì gāo de
the most important	最重要的	zuì zhòng yào de
the nearest	最近的	zuì jìn de
the same, equal (adj)	一样的	yī yàng de
thick (e.g., ~ fog)	浓的	nóng de

thick (wall, slice)	厚的	hòu de
tight (~ shoes)	紧身的	jǐn shēn de
tired (exhausted)	疲劳的	pí láo de
tiring (adj)	引起疲劳的	yǐn qǐ pí láo de
transparent (adj)	透明的	tòu míng de
unique (exceptional)	罕见的	hǎn jiàn de
warm (moderately hot)	暖和的	nuǎn huo de
wet (e.g., ~ clothes)	湿的	shī de
whole (entire, complete)	整体	zhěng tǐ
wide (e.g., ~ road)	宽的	kuān de
young (adj)	年轻的	nián qīng de

MAIN 500 VERBS

252. Verbs A-C

to accompany (vt)	伴随	bàn suí
to accuse (vt)	责备	zé bèi
to acknowledge (admit)	承认	chéng rèn
to act (take action)	行动	xíng dòng
to add (supplement)	增加	zěng jiē
to address (speak to)	对 … 说话	duì … shuū huà
to admire (vi)	钦佩	qūn pèi
to advertise (vt)	广告	guūn gào
to advise (vt)	建议	jià nyì
to affirm (insist)	断言	duàn yán
to agree (say yes)	同意	tóng yì
to allow (sb to do sth)	允许	yǔn xǔ
to allude (vi)	暗示	àn shì
to amputate (vt)	截肢	jié zhō
to answer (vi, vt)	回答	huí dá
to apologize (vi)	道歉	dào qiàn
to appear (come into view)	出现	chā xiàn
to applaud (vi, vt)	鼓掌	gǔ zhǐ ng
to appoint (assign)	指派	zhōpài
to approach (come closer)	走近	zūu jìn
to arrive (ab. train)	到达	dào dá
to ask (~ sb to do sth)	请求	qōng qiú
to aspire to …	渴望	kī wàng
to assist (help)	帮助	bēng zhù
to attack (mil.)	攻击	gūng jō
to attain (objectives)	得到	dé dào
to revenge (vt)	报 … 之仇	bào … zhōchóu
to avoid (danger, task)	避免	bì mǐī n
to award (give medal to)	奖赏	jiǐ ng shǐ ng
to battle (vi)	战斗	zhàn dòu
to be (~ on the table)	在	zài
to be (vi)	当	dēng
to be afraid	害怕	hài pà
to be angry (with …)	生气	shěng qì

to be at war	开战	kēi zhàn
to be based (on …)	根据	gēn jù
to be bored	感到厌烦	gǐ n dào yàn fán
to be convinced	确信	què xìn
to be enough	足够	zú gòu
to be envious	妒忌	dù jì
to be indignant	气愤	qì fèn
to be interested in …	对 … 感兴趣	duì … gǐ n xìng qù
to be lying down	躺	tǐ ng
to be needed	需要	xǔ yào
to be perplexed	困惑	kùn huò
to be preserved	保持	bǐ o chí
to be required	需要	xǔ yào
to be surprised	吃惊	chōjīng
to be worried	担心	dēn xīn
to beat (dog, person)	打	dǐ
to become (e.g., ~ old)	变成	biàn chéng
to become pensive	思考	sōkǐ o
to behave (vi)	表现	bǐ o xiàn
to believe (think)	相信	xiēng xìn
to belong to …	属于	shǔ yú
to berth (moor)	系泊	jì bó
to blind (other drivers)	使 … 失明	shǒ… shōmíng
to blow (wind)	吹	chuō
to blush (vi)	脸红	lǐ n hóng
to boast (vi)	自夸	zì kuē
to borrow (money)	借	jiè
to break (branch, toy, etc.)	打破	dǐ pò
to breathe (vi)	呼吸	hǎ xō
to bring (sth)	运来，带来	yùn lái, dài lái
to burn (paper, logs)	烧	shēo
to buy (purchase)	买，购买	mǐ i, gòu mǐ i
to call (for help)	呼	hǎ
to calm down (vt)	平静下来	píngjìng xiàlai
can (v aux)	能	néng
to cancel (call off)	取消	qǔ xiēo
to cast off	启航	qǒháng
to catch (e.g., ~ a ball)	抓住	zhuē zhù
to catch sight (of …)	看到	kàn dào
to cause …	引起	yǐn qǒ
to change (~ one's opinion)	改变	gǐ i biàn
to change (exchange)	改变	gǐ i biàn

to charm (vt)	迷住	mí zhu
to choose (select)	选	xuǐ n
to chop off (with an ax)	砍掉	kǐ n diào
to clean (from dirt)	擦净	cē jìng
to clean (shoes, etc.)	擦净	cē jìng
to clean (tidy)	打扫	dǐ sǐ o
to close (vt)	关上	guēn shàng
to comb one's hair	梳头	shǎ tóu
to come down (the stairs)	下来	xià lai
to come in (enter)	进来	jìn lái
to come out (book)	出版	chǎ bǐ n
to compare (vt)	比较	bǐjiào
to compensate (vt)	补偿	bǔ cháng
to compete (vi)	竞争	jìng zhěng
to compile (~ a list)	编制	biēn zhì
to complain (vi, vt)	抱怨	bào yuàn
to complicate (vt)	使复杂化	shǒfù zá huà
to compose (music, etc.)	创作	chuàng zuò
to compromise (reputation)	损害 … 名誉	sǔnhài … míngyù
to concentrate (vi)	集中	jí zhūng
to confess (criminal)	坦白	tǐ n bái
to confuse (mix up)	混淆	hùn xiáo
to congratulate (vt)	祝贺	zhù hè
to consult (doctor, expert)	咨询	zōxún
to continue (~ to do sth)	继续	jì xù
to control (vt)	控制	kòng zhì
to convince (vt)	说服	shuū fú
to cooperate (vi)	合作	hé zuò
to coordinate (vt)	配合	pèi hé
to correct (an error)	改正	gǐ i zhèng
to cost (vt)	价钱为	jià qian wèi
to count (money, etc.)	计算	jì suàn
to count on …	指望	zhǒwàng
to crack (ceiling, wall)	裂	liè
to create (vt)	创造	chuàng zào
to cry (weep)	哭	kǎ
to cut off (with a knife)	切下	qiě xià

253. Verbs D-G

to dare (~ to do sth)	胆敢	dǐ n gǐ n
to date from …	日期为	rìqōwèi

| to deceive (vi, vt) | 骗 | piàn |
| to decide (~ to do sth) | 决定 | jué dìng |

to decorate (tree, street)	装饰	zhuāng shì
to dedicate (book, etc.)	献给	xiàn gě i
to defend (a country, etc.)	保卫	bǐ o wèi
to defend oneself	保卫，自卫	bǐ o wèi, zì wèi
to demand (request firmly)	要求	yāo qiú

to denounce (vt)	告发	gào fā
to deny (vt)	否认	fǔu rèn
to depend on ...	依赖	yōlài
to deprive (vt)	使丧失	shǒsàng shō

to deserve (vt)	应得	yǒng dé
to design (machine, etc.)	设计	shè jì
to desire (want, wish)	想要	xiǐ ng yào
to despise (vt)	看不起	kàn bu qǒ
to destroy (documents, etc.)	销毁	xiāo huǒ

to differ (from sth)	与 … 不同	yù … bùtóng
to dig (tunnel, etc.)	挖	wā
to direct (point the way)	指引	zhǒyǐn
to disappear (vi)	消失	xiāo shō

to discover (new land, etc.)	发现	fā xiàn
to discuss (vt)	讨论	tǐ o lùn
to distribute (leaflets, etc.)	分发	fěn fā
to disturb (vt)	打扰	dǐ rǐ o
to dive (vi)	跳水	tiào shuǒ

to divide (math)	除	chú
to do (vt)	做	zuò
to do the laundry	洗衣服	xǒyǒfu
to double (increase)	加倍	jiē bèi

to doubt (have doubts)	怀疑	huái yí
to draw a conclusion	下结论	xià jié lùn
to dream (daydream)	梦想	mèng xiǐ ng
to dream (in sleep)	做梦	zuò mèng
to drink (vi, vt)	喝	hē

to drive a car	开车	kēi chē
to drive away (scare away)	把 … 赶走	bǐ … gǐ n zǔu
to drop (let fall)	掉	diào
to drown (ab. person)	溺死	nì sǒ
to dry (clothes, hair)	把 … 弄干	bǐ … nòng gēn
to eat (vi, vt)	吃	chō
to eavesdrop (vi)	偷听	tūu tǒng
to emit (give out - odor, etc.)	散发	sàn fā

to enter (on the list)	写入	xiī rù
to entertain (amuse)	使快乐	shǒukuài lè
to equip (fit out)	装备	zhuāng bèi
to examine (proposal)	严密检查	yán mì jiǐ n chá
to exchange (sth)	交换	jiēo huàn
to exclude, to expel	开除	kēi chú
to excuse (forgive)	原谅	yuán liàng
to exist (vi)	存在	cún zài
to expect (anticipate)	预期	yù qō
to expect (foresee)	预见	yù jiàn
to explain (vt)	说明	shuū míng
to express (vt)	表示	biǐ o shì
to extinguish (a fire)	扑灭	pā miè
to fall in love (with …)	爱上	ài shàng
to feed (provide food)	喂养	wèi yǐ ng
to fight (against the enemy)	战斗	zhàn dòu
to fight (vi)	打架	dǐ jià
to fill (glass, bottle)	装满	zhuēng mǐ n
to find (~ lost items)	找到	zhǐ o dào
to finish (vt)	结束	jié shù
to fish (angle)	钓鱼	diào yú
to fit (ab. dress, etc.)	合适	hé shì
to flatter (vt)	谄媚	chǐ n mèi
to fly (bird, plane)	飞	fěi
to follow … (come after)	跟随	gěn suí
to forbid (vt)	禁止	jìn zhǒ
to force (compel)	强迫	qiǐ ng pò
to forget (vi, vt)	忘	wàng
to forgive (pardon)	原谅	yuán liàng
to form (constitute)	形成	xíng chéng
to get dirty (vi)	弄脏	nòng zēng
to get infected (with …)	被传染	bèi chuán rǐ n
to get irritated	生气	shěng qì
to get married	结婚	jié hǎn
to get rid of …	摆脱	bǐ i tuū
to get tired	疲倦	pí juàn
to get up (arise from bed)	起床	qǒchuáng
to give a bath	给 … 洗澡	gī i … xǐ i o
to give a hug, to hug (vt)	拥抱	yūng bào
to give in (yield to)	让步	ràng bù
to go (by car, etc.)	… 去	… qù
to go (on foot)	走	zǔu

to go for a swim	去游泳	qù yóu yǔng
to go out (for dinner, etc.)	出来	chǎ lái
to go to bed	去睡觉	qù shuì jiào
to greet (vt)	欢迎	huān yíng
to grow (plants)	种植	zhòng zhí
to guarantee (vt)	保证	bǐ o zhèng
to guess right	猜中	cēi zhòng

254. Verbs H-M

to hand out (distribute)	分发	fēn fē
to hang (curtains, etc.)	悬挂	xuán guà
to have (vt)	有	yǔu
to have a try	试	shì
to have breakfast	吃早饭	chōzǐ o fàn
to have dinner	吃晚饭	chōwǐ n fàn
to have fun	乐趣	lè qù
to have lunch	吃午饭	chōwǔ fàn
to head (group, etc.)	组长	zǔ zhǐ ng
to hear (vt)	听见	tǒng jiàn
to heat (vt)	加热	jiē rè
to help (vt)	帮助	bēng zhù
to hide (vt)	藏	cáng
to hire (e.g., ~ a boat)	租	zǎ
to hire (staff)	雇用	gù yòng
to hope (vi, vt)	希望	xōwàng
to hunt (for food, sport)	打猎	dǐ liè
to hurry (sb)	催促	cuōcù
to hurry (vi)	急忙	jí máng
to imagine (to picture)	想象	xiǐ ng xiàng
to imitate (vt)	模仿	mó fǐ ng
to implore (vt)	恳求	kǐ n qiú
to import (vt)	进口	jìn kǔu
to increase (vi)	增加	zěng jiē
to increase (vt)	增加	zěng jiē
to infect (vt)	传染	chuán rǐ n
to influence (vt)	影响	yǒng xiǐ ng
to inform (~ sb about ...)	通知	tūng zhō
to inform (vt)	通知	tūng zhō
to inherit (vt)	继承	jì chéng
to inquire (about ...)	打听	dǐ ting
to insist (vi, vt)	坚持	jiēn chí
to inspire (vt)	激发	jōfē

to instruct (teach)	指导	zhǒdǐ o
to insult (offend)	侮辱	wǔ rǔ
to interest (vt)	使感兴趣	shǒǐ n xìngqù

to intervene (vi)	干涉	gēn shè
to introduce (present)	介绍	jiè shào
to invent (machine, etc.)	发明	fē míng
to invite (vt)	邀请	yēo qǒng
to iron (laundry)	烫	tàng

to irritate (annoy)	激怒	jōnù
to isolate (vt)	使隔离	shǒgélí
to join (political party, etc.)	加入	jiē rù
to joke (be kidding)	开玩笑	kēi wán xiào

to keep (old letters, etc.)	保存	bǐ o cún
to keep silent	沉默	chén mò
to kill (vt)	杀死	shē sǒ
to knock (at the door)	敲门	qiēo mén
to know (sb)	认识	rèn shi

to know (sth)	知道	zhǒdào
to laugh (vi)	笑	xiào
to launch (start up)	开动	kēi dòng
to leave (~ for Mexico)	离开	lí kēi

to leave (spouse)	抛弃	pēo qì
to leave behind (forget)	忘在	wàng zài
to liberate (city, etc.)	解放	jiī fàng
to lie (tell untruth)	说谎	shuū huǐ ng
to light (campfire, etc.)	点燃	diǐ n rán

to light up (illuminate)	照亮	zhào liàng
to love (e.g., ~ dancing)	喜欢	xǒhuan
to like (I like ...)	喜欢	xǒhuan
to limit (vt)	限制	xiàn zhì

to listen (vi)	听	tǒng
to live (~ in France)	生活	shěng huó
to live (exist)	存在	cún zài
to load (gun)	装弹	zhuēng dàn
to load (vehicle, etc.)	装载	zhuēng zài

to look (I'm just ~ing)	看	kàn
to look for ... (search)	寻找	xún zhǐ o
to look like (resemble)	看起来像	kàn qǒlái xiàng
to lose (umbrella, etc.)	丢失	diǎ shǒ

to love (sb)	爱	ài
to lower (blind, head)	放下	fàng xià
to make (~ dinner)	做饭	zuò fàn
to make a mistake	犯错	fàn cuò

to make angry	使生气	shǒshěng qì
to make copies	复印	fù yìn
to make easier	减轻	jiǐ n qǐng
to make the acquaintance	相识	xiēng shí
to make use (of ...)	利用	lì yòng
to manage, to run	领导	lǒng dǐ o
to mark (make a mark)	标出	biēo chǎ
to mean (signify)	表示	biǐ o shì
to memorize (vt)	记住	jì zhù
to mention (talk about)	提到	tí dào
to miss (school, etc.)	错过	cuò guò
to mix (combine, blend)	混合	hùn hé
to mock (make fun of)	嘲笑	cháo xiào
to move (to shift)	挪动	nuó dòng
to multiply (math)	乘	chéng
must (v aux)	必须	bì xǎ

255. Verbs N-S

to name, to call (vt)	把 ··· 命名为	biǐ ... mìng míng wéi
to negotiate (vi)	进行谈判	jìnxíng tánpàn
to note (write down)	记录	jì lù
to notice (see)	注意到	zhù yì dào
to obey (vi, vt)	服从	fú cóng
to object (vi, vt)	反对	fǐ n duì
to observe (see)	观察	guēn chá
to offend (vt)	得罪	dé zui
to omit (word, phrase)	省略	shī ng lāè
to open (vt)	开	kēi
to order (in restaurant)	订菜	dìng cài
to order (mil.)	命令	mìng lìng
to organize (concert, party)	组织	zǔ zhō
to overestimate (vt)	评价过高	píngjià guògēo
to own (possess)	拥有	yūng yǔu
to participate (vi)	参与	cēn yù
to pass (go beyond)	驶过	shǒguò
to pay (vi, vt)	付，支付	fù, zhōfù
to peep, spy on	偷看	tūu kàn
to penetrate (vt)	穿透	chuēn tòu
to permit (vt)	允许	yǔn xǔ
to pick (flowers)	采，摘	cǐ i, zhēi
to place (put, set)	放置	fàng zhì
to plan (~ to do sth)	计划	jì huà

to play (actor)	扮演	bà nyǐ n
to play (children)	玩	wán
to point (~ the way)	指出	zhǒchǎ

to pour (liquid)	倒入	dào rù
to pray (vi, vt)	祈祷	qí dǐ o
to predominate (vi)	占优势	zhàn yūu shì
to prefer (vt)	宁愿	nìng yuàn

to prepare (~ a plan)	准备	zhǔn bèi
to present (sb to sb)	介绍	jiè shào
to preserve (peace, life)	保持	bǐ o chí
to progress (move forward)	前进	qián jìn
to promise (vt)	承诺	chéng nuò

to pronounce (vt)	发音	fē yǒn
to propose (vt)	提议	tí yì
to protect (e.g., ~ nature)	保护	bǐ o hù
to protest (vi)	抗议	kàng yì

to prove (vt)	证明	zhèng míng
to provoke (vt)	挑衅	tiǐ o xìn
to pull (~ the rope)	拉	lē
to punish (vt)	惩罚	chéng fá
to push (~ the door)	推	tuō

to put away (vt)	收好	shūu hǐ o
to put in (insert)	插入	chē rù
to put in order	整理	zhī ng lǒ
to put, to place	放	fàng

to quote (cite)	援引	yuán yǒn
to reach (arrive at)	到达	dào dá
to read (vi, vt)	读	dú
to realize (a dream)	实现	shí xiàn
to recall (~ one's name)	记起	jì qǒ

to recognize (identify sb)	认出	rèn chā
to recommend (vt)	推荐	tuōjiàn
to recover (~ from flu)	复原	fù yuán
to redo (do again)	重做	zhòng zuò

to reduce (speed, etc.)	减少	jiǐ n shǐ o
to refuse (~ sb)	拒绝	jù jué
to regret (be sorry)	后悔	hòu huǒ
to reinforce (vt)	加强	jiē qiáng
to remember (vt)	记得	jì de

to remind of …	提醒	tí xǒng
to remove (~ a stain)	去除	qù chú
to remove (~ an obstacle)	消除	xiēo chú

to rent (sth from sb)	租房	zǎ fáng
to repair (mend)	修理	xiǎ lǒ
to repeat (say again)	重复	chóng fù
to report (make a report)	报告	bào gào
to reproach (vt)	指责	zhǒzé
to reserve, to book	预订	yù dìng
to restrain (hold back)	制止	zhì zhǒ
to return (come back)	回来	huí lai
to risk, to take a risk	冒险	mào xiǐ n
to rub off (erase)	擦掉	cē diào
to run (move fast)	跑	pǐ o
to satisfy (please)	使满意	shǒmǐ n yì
to save (rescue)	救出	jiù chǎ
to say (~ thank you)	说	shuū
to scold (vt)	责骂	zé mà
to scratch (with claws)	抓破	zhuē pò
to select (to pick)	挑选	tiēo xuǐ n
to sell (goods)	卖	mài
to send (a letter)	寄	jì
to send back (vt)	归还	guōhuán
to sense (danger)	感觉	gǐ n jué
to sentence (vt)	判处	pàn chǔ
to serve (in restaurant)	服务	fú wù
to settle (a conflict)	解决	jiǐ jué
to shake (vt)	摇动	yáo dòng
to shave (vi)	刮脸	guē liǐ n
to shine (gleam)	发光	fē guēng
to shiver (with cold)	颤抖	chàn dǔu
to shoot (vi)	射击	shè jō
to shout (vi)	叫喊	jiào hǐ n
to show (to display)	展示	zhǐ n shì
to shudder (vi)	战栗	zhàn lì
to sigh (vi)	叹气	tàn qì
to sign (document)	签名	qiēn míng
to signify (mean)	意味着	yì wèi zhe
to simplify (vt)	简化	jiǐ n huà
to sin (vi)	犯罪	fàn zuì
to sit (be sitting)	坐	zuò
to sit down (vi)	坐下	zuò xia
to smash (~ a bug)	压扁	yē biǐ n
to smell (scent)	有 … 气味	yǒu … qì wèi
to smell (sniff at)	闻到	wén dào
to smile (vi)	微笑	wēi xiào
to snap (vi, ab. rope)	拉断	lē duàn

to solve (problem)	解开	jiě kāi
to sow (seed, crop)	播种	bō zhǒng
to spill (liquid)	洒出	sǎ chū
to spit (vi)	吐	tǔ
to stand (toothache, cold)	忍受	rěn shòu
to start (begin)	开始	kāi shǐ
to steal (money, etc.)	偷窃	tōu qiè
to stop	停止	tíng zhǐ
(please ~ calling me)		
to stop (for pause, etc.)	停止	tíng zhǐ
to stop talking	停止说话	tíng zhǐshuōhuà
to stroke (caress)	轻抚	qīng fǔ
to study (vt)	学习	xué xí
to suffer (feel pain)	感到痛苦	gǎn dào tòng kǔ
to support (cause, idea)	支持	zhōchí
to suppose (assume)	假设	jiǎ shè
to surface (ab. submarine)	浮出	fú chū
to surprise (amaze)	使惊讶	shǐjīng yà
to suspect (vt)	怀疑	huái yí
to swim (vi)	游泳	yóuyǒng
to turn on (computer, etc.)	打开	dǎ kāi

256. Verbs T-W

to take (get hold of)	拿	ná
to take a bath	洗澡	xǐzǐ o
to take a rest	休息	xiū xi
to take aim (at …)	瞄准	miáo zhǔn
to take away	拿走	ná zǔu
to take off (airplane)	起飞	qǐfēi
to take off (remove)	取下	qǔ xià
to take pictures	拍照	pēi zhào
to talk to …	谈话	tán huà
to teach (give lessons)	教	jiào
to tear off (vt)	撕掉	sōdiào
to tell (story, joke)	讲	jiǎ ng
to thank (vt)	感谢	gǎn xiè
to think (believe)	想，认为	xiǎ ng, rèn wéi
to think (vi, vt)	想	xiǎ ng
to threaten (vt)	威胁	wēi xié
to throw (stone)	扔	rēng
to tie to …	拴	shuēn

to tie up (prisoner)	把 … 绑起来	bǐ … bǐ ng qi lai
to tire (make tired)	使 … 疲劳	shǒ… píláo
to touch (one's arm, etc.)	摸	mū

to tower (over …)	高耸	gēo sǔng
to train (animals)	训练	xùn liàn
to train (sb)	训练	xùn liàn

to train (vi)	训练	xùn liàn
to transform (vt)	改造	gǐ i zào
to translate (vt)	翻译	fēn yì
to treat (patient, illness)	治疗	zhì liáo

to trust (vt)	信任	xìn rèn
to try (attempt)	试图	shì tú
to turn (~ to the left)	转弯	zhuǐ n wēn

to turn away (vi)	扭过脸去	niǔ guò lǐ n qu
to turn off (the light)	关	guēn
to turn over (stone, etc.)	把 … 翻过去	bǐ … fēn guò qu
to underestimate (vt)	轻视	qǒng shì

to underline (vt)	在 … 下画线	zài … xià huà xiàn
to understand (vt)	明白	míng bai
to undertake (vt)	从事	cóng shì

to unite (vt)	联合	lián hé
to untie (vt)	解开	jǐ ī kēi
to use (phrase, word)	使用	shǒyòng
to vaccinate (vt)	给 … 接种疫苗	gǐ i … jiě zhòng yì miáo

to vote (vi)	投票	tóu piào
to wait (vt)	等	dǐ ng
to wake (sb)	叫醒	jiào xǒg

to want (wish, desire)	想，想要	xiǐ ng, xiǐ ng yào
to warn (of the danger)	警告	jǒg gào
to wash (clean)	洗	xǒ
to water (plants)	给 … 浇水	gǐ i … jiēo shuǒ

to wave (the hand)	挥动	huōdòng
to weigh (have weight)	重量为	zhòng liàng wéi
to work (vi)	工作	gūng zuò

| to worry (make anxious) | 使 … 发愁 | shǒ… fē chóu |
| to worry (vi) | 焦急 | jiě ojí |

| to wrap (parcel, etc.) | 包装 | bēo zhuēng |
| to wrestle (sport) | 摔跤 | shuēi jiēo |

| to write (vt) | 写 | xiǐ |
| to write down | 记录 | jì lù |

Printed in Great Britain
by Amazon